中国古代幕僚

王 俊 编著

中国商业出版社

图书在版编目（CIP）数据

中国古代幕僚 / 王俊编著. -- 北京：中国商业出版社，2017.1
ISBN 978-7-5044-9649-2

Ⅰ.①中… Ⅱ.①王… Ⅲ.①政治人物 - 列传 - 中国 - 古代 Ⅳ.① K827=2

中国版本图书馆 CIP 数据核字 (2016) 第 308196 号

责任编辑：常　松

中国商业出版社出版发行
010-63180647　www.c-cbook.com
（100053 北京广安门内报国寺 1 号）
新华书店经销
三河市同力彩印有限公司
*
710×1000 毫米　16 开　15 印张　238 千字
2017 年 9 月第 1 版　2017 年 9 月第 1 次印刷
定价：45.00 元
* * *
（如有印装质量问题可更换）

《中国传统民俗文化》编委

主　编	傅璇琮	著名学者，原国务院古籍整理出版规划小组秘书长，清华大学古典文献研究中心主任教授，原中华书局总编辑
顾　问	蔡尚思	著名历史学家，中国思想史研究专家
	卢燕新	南开大学文学院副教授
	王永波	四川省社会科学院文学研究所副研究员
	叶　舟	中国思维科学研究院院长，清华大学、北京大学特聘教授
	于春芳	北京第二外国语学院教授
	杨玲玲	西班牙文化大学文化与教育学博士
编　委	陈鑫海	首都师范大学中文系博士
	李　敏	北京语言大学古汉语古代文学博士
	赵　芳	出版社高级编辑，曾编辑出版过多部文化类图书
	韩　霞	山东教育基金会理事，作家
	陈　娇	山东大学哲学系讲师
	吴军辉	河北大学历史系讲师
	石雨祺	出版社高级编辑，曾编辑出版过多部历史类图书
	王　欣	全国特级教师
策划及副主编	王　俊	

序 言

中国是举世闻名的文明古国，在漫长的历史发展过程中，勤劳智慧的中国人，创造了丰富多彩、绚丽多姿的文化，可以说人创造了文化，文化创造了人，这些经过锤炼和沉淀的古代传统文化，凝聚着华夏各族人民的性格、精神、智慧，是中华民族相互认同的标志和纽带。在人类文化的百花园中摇曳生姿，展现着自己独特的风采，对人类文化的多样性发展作出了巨大贡献。中国传统民俗文化内容广博，风格独特，深深地吸引着世界人民的眼光。

正因如此，我们必须深入学习贯彻十八届三中全会精神，按照中央的规定，加强文化建设。2006年5月，时任浙江省委书记的习近平同志就已提出："文化通过传承为社会进步发挥基础作用，文化会促进或制约经济乃至整个社会的发展。"又说："文化的力量最终可以转化为物质的力量，文化的软实力最终可以转化为经济的硬实力。"（《浙江文化研究工程成果文库总序》）今年他去山东考察时，又再次强调：中华民族伟大复兴，需要以中华文化发展繁荣为条件。

学习习近平同志的重要讲话，确可体会到，在政治、经济、军事、社会和自然要素之中，文化是协调各个要素协同发展、相关耦合的关健。正因为此，我们应该对华夏民族文化进行广阔、全面的检视。我们应该唤醒我们民族的集体记忆，复兴我们民族的伟大精神，发展和繁荣中华民族的优秀文化，为我们民族在强国之路上阔步前行创设先决条件。

实现民族文化的复兴，更必须传承中华文化的优秀传统。现代中国人，特别是年轻人，对传统文化十分感兴趣，蕴含感情。但当下也有人对具体典籍、历史事实不甚了解，比如说，中国是书法大国，谈起书法，有些人或许只知道些书法大家如王羲之、柳公权等等的名字，知道《兰亭集序》是千古书法珍品，仅此而已。再比如说，我们都知道中国是闻名于世的瓷器大国，中国的瓷器令西方人叹为观止，中国也因此而获得了"瓷器之国"（英语 china 的另一义即为瓷器）的美誉。然而关于瓷器的由来、形制的演变、纹饰的演化、烧制等等瓷器文化的内涵，就知之甚少了。中国还是武术大国，然而国人的武术知识，或许更多地来源于一部部精彩的武侠影视作品，对于真正的武术文化，我们也难以窥其堂奥了。我们还是崇尚玉文化的国度，我们的祖先，发现了这种"温润而有光泽的美石"，并赋予了这种冰冷的自然物以鲜活的生命力和文化性格，例如"君子当温润如玉"，女子应"冰清玉洁"、"守身如玉"；"玉有五德"，即"仁"、"义"、"智"、"勇"、"洁"，等等。今天，熟悉这些玉文化的内涵的国人，也为数不多了。

也许正有鉴于此，有忧于此，近年来，已有不少有志之士，开始了复兴中国传统文化的努力，读经热开始风靡海峡两岸，不少孩童乃至成人，开始重拾经典，在故纸旧书中品味古人的智慧，发现古文化历久弥新的魅力。电视讲坛里一波又一波对古文化的讲述，也吸引着数以万计的人们，重新审视古文化的价值。现在放在读者眼前的这套"中国传统民俗文化丛书"，也是这一努力的又一体现。我们现在确应注重研究成果的学术价值和应用价值，充分发挥其认识世界、传承文化、创新理论、咨政育人的重要作用。

中国的传统文化内容博大，体系庞杂，该如何下手，如何呈现？这套丛书处理得可谓系统性强，别具心思。编者分别按物质文化、制度文化、精神文化等方面来分门别类地进行组织编写，例如在物质文化的层面，就有中国古代纺织、中国古代酒具、中国古代农具、中国古代青铜器、中国古代钱币、中国古代石刻、中国古代木雕、中国古代建筑、中国古代砖瓦、中国古代玉器、中国古代陶器、中国古代漆器、中国古代桥梁等等。

在精神文化的层面，就有中国古代书法、中国古代绘画、中国古代音乐、中国古代艺术、中国古代篆刻、中国古代家训、中国古代戏曲、中国古代版画等等；在制度文化的层面，就有中国古代科举、中国古代官制、中国古代教育、中国古代军队、中国古代法律等等。

此外，在历史的发展长河中，中国各行各业还涌现出一大批杰出的人物，至今闪耀着夺目的光辉，启迪后人，示范来者，对此，这套丛书也给予了应有的重视，中国古代名将、中国古代名相、中国古代名帝、中国古代文人、中国古代高僧等等，就是这方面的体现。

生活在21世纪的我们，或许对古人的生活颇感好奇，他们的吃穿住用如何？他们如何过节？如何安排婚丧嫁娶？如何交通？孩子如何玩耍？等等。这些饶有兴趣的内容，这套中国传统民俗文化丛书，都有所涉猎，例如中国古代婚姻、中国古代丧葬、中国古代节日、中国古代风俗、中国古代礼仪、中国古代饮食、中国古代交通、中国古代家具、中国古代玩具、中国古代鞋帽等等，这些书籍介绍的，都是人们深感兴趣，平时却无从知晓的内容。

在经济生活的层面，这套丛书安排了中国古代农业、中国古代纺织、中国古代经济、中国古代贸易、中国古代水利、中国古代车马、中国古代赋税等等内容，足以勾勒出古人经济生活的主要内容，让今人得以窥见自己祖先曾经的经济生活情状。

在物质遗存方面，这套丛书则选择了中国古镇、中国古楼、中国古寺、中国古陵墓、中国古塔、中国古战场、中国古村落、中国古街、中国古代宫殿、中国古代城墙、中国古关等内容。相信读罢这些书，喜欢中国古代物质遗存的读者，已经能大致掌握这一领域的大多数知识了。

除了上述内容外，其实还有很多难以归类却饶有兴趣的内容，例如中国古代的乞丐这样的社会史内容，也许有助于我们深入了解这些古代社会底层民众的真实生活情状，走出武侠小说家们加诸他们身上的虚幻不实的丐帮色彩，还原他们的本来面目，加深我们对历史真实的了解。继承和发扬中华民族几千年创造的优秀文化和民族精神是我们责无旁贷的历史责任。

不难看出，单就内容所涵盖的范围广度来说，有物质遗产，有非物质遗产，还有国粹。这套丛书无疑当得起"中国传统文化的百科全书"的美誉了。这套书还邀约了大批相关的专家、教授参与并指导了稿件的编写工作。

应当指出的是，这套书在写作中，既钩稽、爬梳大量古代文化文献典籍，又参照近人与今人的研究成果，将宏观把握与微观考察相结合。在论述、阐释中，既注意重点突出，又着重于论证层次清晰，从多角度、多层面对文化现象与发展加以考察。这套丛书的出版，有助于我们走进古人的世界，了解他们的美好生活，去回望我们来时的路。学史使人明智。历史的回眸，有助于我们汲取古人的智慧，借历史的明灯，照亮未来的路，为我们中华民族的伟大崛起添砖加瓦。

是为序。

傅璇琮

2014年2月8日

前 言

五千年中华封建史,赫赫的头面人物当然非皇上莫属。但是,不论是开国圣祖,或是承上启下的天子,还是将被一脚踢开的末代皇帝,他们的背后都有一些幕僚人物。

这些幕僚的职位不一,见识各异,他们都是皇上的"脑袋瓜"、智囊团。皇上的圣旨秘诏、金口玉言,甚至喜怒哀乐、婚丧嫁娶,都由他们一手控制。他们的禀性、思想、忠诚度以及灵机一动,便构成了一个帝王、一个朝代的存亡盛衰,也构成了一方百姓、普天民众的温饱饥寒和生死祸福。谁能想到,一部中华文明史,无数的悲喜哀愁、命运造化,都出于这些幕僚的随机应变、老谋深算。

无论在哪个朝代,君王身边都会有几个贤臣谋士在身边筹谋策划,"问计于幕僚"是在朝者治理国家的最明智的做法。我国一直是一个历史悠久的幕僚大国,有文字记载的中国幕僚史可以追溯到商朝。尹伊、姜尚、孙武、张良、诸葛亮、王猛、魏征、刘基、左宗棠等众多的幕僚活动,展延了几千年的中国幕僚文化。没有"决胜于千里之外"的张良,成就不了刘邦;没有"料事如神"的诸葛亮,难有"三国鼎立";"善谋力治"的王猛不死,符坚怎会有"淝水之败";有了"勇于直谏"的魏征等,才会有李世民的"贞观之治";"谋略超群"的刘基,是朱元璋建立明朝的头号功臣;没有左宗棠力主并亲历而为的远征，新疆可能现在已不在中国的版图内。所谓"一将功成万骨枯"，也包括了许许多多隐匿于帷幕之后幕僚的默默贡献。

中国历史上也有不少起负作用的幕僚。秦始皇焚书坑儒，就是丞相李斯恐怕反对他的人危害自己的地位，而提出的建议；汉朝初期曾推广萧规曹随的黄老之学（法家学说），汉武帝即位后，听信丞相卫绾奏言，不再使用法家的理论，使以法治国这样的概念，长期没有成为中国人思想中的主题；唐玄宗身边的大臣如果始终用的是有识之士，还不至于将"开元之治"酿成"安史之乱"；秦桧如果没有以"莫须有"罪名杀了岳飞，宋高宗也不至于难寻可用将才忧虑而死；明朝兵部侍郎刘大夏为防止宦官势力变大，将郑和几十年积累的技术资料从宫里偷出，全部付之一炬。他的极端愚蠢做法，使中国社会的发展落后欧洲几百年。

中国幕僚虽有起负作用的历史，但对人类社会发展起积极推动作用却是主流。中国幕僚在历史上所产生的思想，对人类的贡献是巨大的。

本书主要按照中国两千多年的朝代顺序，依次揭开幕僚这一特殊群体的面纱，上自先秦时期的夏商周时期的幕僚"初养成"，下至古代幕僚最后余晖的清朝时期的幕僚师爷，用通俗易懂的语言阐述了幕僚从兴起、发展、高潮到结束的过程。此外，还列举了各个朝代的名人幕僚，拓展读者的知识范畴。

因为编者水平有限，书中难免有些不易察觉的纰漏，希望爱好古代文学以及对古代幕僚感兴趣的读者踊跃提出宝贵意见，编者不胜感激。

目 录

第一章 揭开幕僚的"神秘面纱"

第一节 古代幕僚概述 …………………………………… 002

什么是幕僚 …………………………………… 002

幕僚始祖——人神易位 …………………………………… 004

"蓄谋已久"的幕僚政治 …………………………………… 007

不容忽视的幕僚力量 …………………………………… 009

"囚虎为猫"的幕僚政治 …………………………………… 012

第二节 古代幕僚的思维与活动 …………………………………… 015

流行千年的幕僚 …………………………………… 015

幕僚应具备的智力结构 …………………………………… 017

与众不同的幕僚思维 …………………………………… 021

幕僚的三大心理活动 …………………………………… 024

第二章 先秦幕僚"初养成"

第一节 幕僚始祖——士 …………………………………… 030

先秦幕僚的前身：士 ·································· 030
中国最早的幕僚——伊尹 ···························· 032
"无为而治"的老子 ································· 034
孟子用"仁术"感化惠王 ···························· 036

第二节　战国时期的幕僚 ································ 040

秦王屁股下的两把"火" ···························· 040
翻手为云的大将乐毅 ································ 042
引敌害己，田单保家复国 ···························· 045
历史上一次著名的拉家常 ···························· 047

第三章　秦汉三国时期的幕僚

第一节　秦汉幕僚盛行的"辟署制" ······················ 052

秦汉为何大兴"辟署制" ···························· 052
大投机家吕不韦 ···································· 054
备受刘邦器重的萧何 ································ 056
以计谋闻名青史的张良 ······························ 058
现实主义者陈平 ···································· 061
霍光辅政，不走寻常路 ······························ 063
马援择主得重用 ···································· 068

第二节　三国——幕僚才华尽展的大舞台 ················ 073

曹魏集团的谋士 ···································· 073
蜀汉集团的谋士 ···································· 076
孙吴集团的谋士 ···································· 078
有勇无谋的吕布 ···································· 081

老虎扮病猫，司马懿装病夺兵权 …………………… 084
慧眼择主，荀彧弃袁投曹成大器 …………………… 087
可爱的和事佬：鲁肃 ………………………………… 089
诸葛亮妙算之外 ……………………………………… 093
自不量力的王允 ……………………………………… 095

第四章 魏晋南北朝的"门阀制"幕僚

第一节 魏晋南北朝时期的幕僚制度 ………………… 102
魏晋南北朝的"入幕之宾" ………………………… 102
魏晋南北朝的辟署制 ………………………………… 103

第二节 魏晋南北朝时期的著名幕僚 ………………… 107
智勇双全的王猛 ……………………………………… 107
装土为粮与唱筹量沙 ………………………………… 109
谢安用缓兵之计气死恒温 …………………………… 112
演技，王导独树一帜 ………………………………… 114

第五章 唐代的幕僚

第一节 唐代的方镇幕府及幕府文学 ………………… 120
唐代的方镇幕府 ……………………………………… 120
唐代的文人入幕现象 ………………………………… 122

第二节 唐代的著名幕僚 ……………………………… 125
人君的"镜子"——魏征 …………………………… 125

不在一棵树上吊死的李密 ························ 128
李林甫口蜜腹剑固相位 ·························· 131
心无二主的高力士 ································ 133
郭子仪小心驶得万年船 ·························· 137
投其所迷,诸葛殷装神骗高官 ··················· 139

第六章 宋、元幕僚的"任命制"

第一节 宋代的幕僚 ································ 144

宋代幕僚制度的改革 ····························· 144
刘锜的军旅悲歌 ·································· 146
深揣帝意,秦桧位至权相 ························ 150
促其内乱,金章宗智驭宋廷 ····················· 152
信手拈来,毕再遇活用历史名计 ················ 156

第二节 元代的幕僚 ································ 159

促成宋朝灭亡的一位汉人 ························ 159
元朝奠基者之一——耶律楚材 ··················· 162
忽必烈身边的"三剑客" ························· 164

第七章 明代幕僚——师爷的兴盛

第一节 明代的师爷 ································ 170

明代师爷的流行及概况 ·························· 170
明代师爷的种类划分 ····························· 173
做好师爷的不传秘诀 ····························· 177

第二节　明代的著名幕僚 ·· 180
诸葛转世的刘伯温 ·· 180
哲学大师王阳明 ·· 182
张居正隐忍有术 ·· 184

第八章　幕僚最后的辉煌

第一节　清代的师爷 ·· 190
清代师爷的从幕历程 ·· 190
清代师爷的特点 ·· 192
多谋善断的"老夫子" ·· 195
无名有实的审判官 ·· 198
幕友的"四救四不救" ·· 202

第二节　清代的著名幕僚 ·· 206
神机妙算的邬思道 ·· 206
助平三藩的蔡鹏 ·· 208
乱世救星魏际瑞 ·· 211
实务之才包世臣 ·· 214
战事筹饷的钱江 ·· 218

参考书目 ·· 222

第一章
揭开幕僚的"神秘面纱"

如果在一个地域广阔、人口众多的国家实现高度的中央集权统治，没有一个相适应的官僚组织系统是行不通的。然而，自从秦朝以来，特别是逐渐地建立健全科举制度以来，在中国的封建社会，官僚所占比例是很少的。但是在封建官僚组织系统里，有这样一部分人，他们没有官职在身，却能管理并主掌地方的大小事务，而且还能与当地绅士沟通交流，他们被称之为幕僚。

第一节　古代幕僚概述

■ 什么是幕僚

古代将幕府中参谋、书记等称为幕僚，后泛指文武官署中的佐助人员（一般指有官职的）。

在谈论"幕僚"之前，需要先解释"幕"字。"幕"通称帷幄。在中国古代，天子或者率军出征的将领若是带军出征，常常没有固定的居所，只能随便在野外搭个帐篷来作战指挥，所谓"运筹于帷幄之中，决胜于千里之外"这句话中的"帷幄"就是这么来的。唐朝人颜师古就在《汉书》说："莫幕者，以军幕为义。"古代称这种帐篷为"幄幕"。人们一开始把这种幄幕叫作幕府，后来连地方军政大吏的府署也称作幕府了。

"幕府"这个名称是怎么来的？其实是来源于军府的建筑。从建筑上看，军府是一个临时搭建的帐篷，称为"帷幄""军帐"等，此是基于其建筑特点而言。到了后来，地方军政大吏的府署，比如明清时期的

▲ 古代幕府

督抚衙门，也叫作"幕府"。

"幄幕"里大大小小的事务需要人来管理，而这些人就是"幕僚"最初的形态，被称为"幕人"。

"幕人，掌帷帘幄幕"。（《周礼》）"幕人掌帷、幕、幄、帟、绶之事。凡朝觐、会同、军旅、田役、祭祀，共其帷、幕、幄、帟、绶。大丧，共帷、幕、帟、绶。三公及卿、大夫之丧，共其帟"。（《周礼·天官冢宰第一》）

对于"僚"，必须要提到"官僚"。按照中国古代官场上的习惯说法，统称各级衙门行政官员为官吏或官僚，如果要严格划分，"官"与"吏"有区分，"官"与"僚"也有区别。中国古代政府被称为"官僚"机构的原因，就是"官"与"僚"有着密不可分的关系，"官"离开了"僚"不能正常运转，"僚"离开了"官"也不能生存，有句话可以概括他们的关系："盖幕与官相表里，有能治之官，尤赖有知治之幕，而后可措施无失。"

其实，在很早以前就能窥见幕僚的雏形了。例如夏、商时期有家臣，西周时期有命士以及战国时期有养士，都能从中看到幕僚的影子。然而，"僚"在商周时期有些类似奴仆的意思，所谓"僚者，劳也"；直到进入秦汉时期以后，"僚"才转变为僚属的意思，比如在《三国志·魏书·王观传》中记载"治身清廉，帅以下俭，僚属承风，莫不自励"。这里的"僚"就有了主官属员的概念了，从这个概念上讲，对应一个"官"字，我们可以清楚地知道僚与官之间存在着密不可分的关系。

随着时间的推移，从秦汉到隋唐，我们可以看到一些军政主官都是被允许按照一定规章制度，自己任命一个秘书、参谋或是副官员性质的佐员，这些人都被称之为幕僚。幕僚和有正规编制的官员有着明显的区别。幕僚做的主要工作就是：置备顾问、咨议谋划、参与决策、掌握机要、典属文书，甚至接待宾客、经办庶务以及代主巡行出使等，其中参与决策和掌握机要这两条是幕僚必须做到的。

唐代著名诗人杜甫曾是节度使严武的参谋，时人称之为"节度参谋"，而且还在京师有个"检校工部员外郎"的虚衔，杜甫也因此被称为"杜工部"。但是实际上，杜甫只是被私聘。杜甫没有正品官职，不属于正官系统，他得到的俸钱是严武支付，并不是政府所出，也就是指退休后就没有俸禄可拿。所以，杜甫晚年生活得穷困潦倒。

由此可见，幕僚性质的佐员和正官编制的佐员有着根本的区别。前一种是主官私人聘请，他们是幕主与幕宾的关系，其报酬也是由聘请他们的官员自己掏腰包。幕宾的荣辱与聘请他们的幕主官运是否亨通存在直接关系；而后一种则是由国家直接分发俸禄，与主官是上下级的关系，他们的官运是否亨通，主要体现在朝廷考核、升黜等一系列制度上。随着幕僚制度逐渐普及，中国官场产生一种现象："幕"与"府"分离，"府"才是正规的议政之所，"幕"只是主官个人的小班子。于是就形成了这样一种制度：私幕做决策，府署实施决策。

庾杲之是南北朝时期的有名之士，王俭就曾邀请他做自己的幕僚长史。王俭的一位故友于是写信向他道贺，说有这样的名士入幕，就好像芙蓉傍依莲花池水，鲜丽有加。因为这个典故，后人给幕府起了个雅号"莲幕"。后来，所有幕友均被雅称为"莲幕"。

■ 幕僚始祖——人神易位

在中国书斋里，有很多的学问家都喜欢研究考据，事事究其根本，查其来源，说的就是"有本则昌，无本则竭"这句古话。

如今，很多人都认为古代中国是历史悠久的"人治"社会，但是，并不意味着中国就没出现过"神治"的历史和"法治"的经历。只是因为"神"早早让位于人，而"人"迟迟不肯让位于"法"。不像欧洲到了十六世纪时，神还一直占着位子不放，最终还是让卢梭和孟德斯鸠等一批启蒙思想家硬生生给拉了下来。相对来说，中国的知识分子在很早以前就把神赶下了台。

现代人类学认为，人是由猿进化来的，因为老百姓分不清猿与猴子的区别，就学舌说人是猴子变的。不管俗说雅说，其道理都是一样的，那就是人的老祖宗不是人。人刚成为人，跟兽也差不了多少，必然是昏昏噩噩，只是为了生计，还没有能力和条件注意自身吃喝拉撒以外的事情，并试图找出它们与自己的关系。后来渐渐文明开化了，这一开化可不得了，问题就来了：他们就觉得风雨雷电、世事万物是多么奇妙，多么不可思议，多么深不可测。冥冥之中就造出一个"神"来吓唬或者安慰自己，神就这样诞生了。对"神"的行为予以解释，就产生了原始宗教。

夏朝人的原始宗教形态是什么样子，笔者遍查史籍也未能考究得出，但至商朝，神已经成长得像模像样了，商人虔诚地崇拜天帝，并以此为国教，天帝不但掌管风、雨、雷、电、雪、雹等天象，而且也主宰人间的征战、田猎、生产、建邑等事务。当然神是无形的，奉"神命"而实行主宰的是商朝的统治者，信奉天帝的国神教是商朝统治者的最有力的统治支柱。商的统治者宣称自己是神在人间的代言人。

但在商朝末期，宣称奉"神的旨意"的纣王荒淫无道，搞得民怨四起。周人在西陲逐渐强盛之后，最终打败商纣，将地位抢过来，从而创造出"天命靡常，唯德是辅"的天命转移论。宣称天帝会选择有德之人来掌管人间，统治者的品行好坏是神选择代言人的依据，自此开始，古人就

▲ 古代神鬼面具

开始认识到"人"在社会统治中的决定性作用。在中国历史上，以周代商即代表"神"的地位开始，也是"人本"思想的发端。

春秋初年，一些有进步思想的士人就开始讨论"民"与"神"之间的关系问题。提出了"民"重于"神"的观点。春秋后期，"民"的地位进一步上升，进步政治思想家将民本思想更推进一步，认识到"民"在决定国家命运中的能动作用，这时的"民"即有了进攻性。提出了"民"有选择君主的权力，肯定了民反抗君主之命的合理性。《左传》载，晋军主帅智武子对献子说："我实在是没有德能，需要与人结盟，我没有德能，人民就会抛弃我……"可见，这时的"民"已获得独立的社会人格并具有了选择君主的主动权。

纵观周初至春秋末期民本思想的产生和发展，可以看出这是一个"民"与"神"逐渐易位的过程：周初，"民"只是作为"神"考察君主德行而决定取舍的参照物。其后，民众力量在社会生产和政治斗争中的主导作用逐步显示出来，被进步政治思想家所认知和重视，"民"的社会地位日益提高，"神"的地位逐步下降。到春秋末年，出现了重民不论神的倾向，"神"的位置完全被"民"所取代，成为决定社会政治前途的主导力量。

古人云："神不佑人，我必自佑。"所以，一些知识分子为了适应"人治"的需要，就费尽心思来研究治人的学问，于是第一次思想浪潮——治世论争在中国历史上铺展开来。如果"民本"能够影响政治制度的变革，如果能够由"民本"发展到"民治"，由民治发展到"民主"，那么中国或许就是世界上最早的民主国家了。无奈民神易位之后，"民本"的范围出现了个体化倾向，产生了"人本"思想，这就抹煞了"民本"的阶级属性，"人本"中的"人"是指广泛社会成员的"人"了。从而由此产生出"人学"，并由此派生出"人治"，从而也就注定了中国历史上绵绵不绝的"人祸"。

■ "蓄谋已久"的幕僚政治

幕僚奇特的职责不合现象，主要来源于事实与概念的冲突，具体地说也就是客观存在的幕僚从政与既成的国家官制之间的矛盾。从事实方面看，在封建社会的大多数时期里，沿用幕僚来参与政治统治和行政管理，从中央到地方已成惯例，而且幕僚之间还出现了粗疏的分工，大体分为政务性幕僚和事务性幕僚两类。政务性幕僚从事置备顾问、咨议谋划、参与决策、掌握机要乃至延接宾客、代主巡行出使等工作，其中尤以参议决策和掌握机要为重。事务性幕僚，大多是地方行政长官为提高办事效率，特聘一些助手来协理事务，诸如刑名钱粮、奏牍书启等等。由于这类幕僚需有专门的业务才能，必须要经过"学幕"的历练，否则不足以胜任；差不多要学6至7年才能"满师"，然后由人引荐入幕。相比之下，政务性幕僚在政治上起的作用远胜于事务性幕僚，因此，在封建社会的大多数时期里，政务性幕僚始终是幕僚群体中的主流。

从概念的方面看，封建国家明文规定的人事任免制度与职官制度基本不包括对幕僚的任用罢免以及职责行使的范围，迫使游离于正规的幕僚政治在形式与内容的结合上，产生出非常复杂纷乱的形态。

幕僚的存在形态是多样的，能称之为幕僚者，至少应有下列三个特征：第一，就事于某为政者自设专擅的政治机构——"幕"；第二，不拘泥于国家为职官制定的责任规范，甚至不受制约；第三，只充当幕主个人的政治工具。因此，只要具备了这三个特征，无论何朝何代，冠以何名，都应是正儿八经的幕僚。

幕僚作为政治阶层中的一个类，从产生到成熟，标志着一个游离于国家正规官制之外的、以幕僚围绕幕主串接起来的、非正统的政治机制的形成。其间，由于入幕取决于幕主的自辟或私聘，新造的人身依附关系取代了正规官制中的隶属关系,使其不受国家行政职责规范制约,唯幕主马首是瞻成了这个机制的运行规则。幕僚政治终于有了自己独特的功能与鲜明的个性。

幕僚政治的产生不是偶然的。上可溯及夏商之家臣,两周之命士,其身贱而见信,位卑而使重,已露端倪。到了春秋战国时期,才识之士,挟术怀策而奔走四方,摇唇鼓舌,攀权附势,多有被聘为宾客舍人以参预政事的。"当是时,魏有信陵君,楚有春申君,赵有平原君,齐有孟尝君,皆下士,喜宾客以相倾"。这是造就幕僚的滥筋。

真正意义上的幕僚政治,是封建大一统的国家建立后,围绕着巩固和完善"君权"开始的,它的雏形应见于秦汉时期。促成的原因有二:首先封建官制体系草创,分工粗疏,多有不完备的地方,无论中央、还是地方的行政长官,都难以单独完成皇帝赋予的职权。其次,六国新灭,大量的才识之士散落民间,成为威胁君权的异己力量,如果不及时开通养用的渠道,封建国家的稳定就难以实现。有些社会学家在研究古代帝国的政治系统时,曾提出过"自由流动资源"的概念,其中也包括散失民间的人力。如果这部分资源调节不当,不能使之纳入正统的政治结构与组织系统之中,封建君权及其代表的秩序就将受到损害。秦始皇完成统一后,百密一疏,恰恰在这个问题上出现了纰漏。秦朝二世而亡之后,汉朝的统治者吸取前人的教训,从稳固君权出发,注意了养用才识之士渠道的开通,举贤良方正是一条;延续和发展开府制度并使之转化为任用幕僚参与政务,也是一条。

▲ 壁画

从当时来看，为使用人渠道得以扩通，三公、郡守开府的编制是在不断地增加的。据《汉书》所载，汉武帝时，"司徒奏州郡农桑未有赏罚制，宜遣掾属循行"。汉武帝下诏"增掾属十人"。到了东汉，编制的扩充更加具体，明文上有规定的，太尉府署诸曹事掾史属24人，令史及御属23人；司徒府掾属31人，令史及御属36人；司空掾属29人，令史及御属24人。掾属与主官之间，行政性的隶属关系发生了松动，一些掾属常因不肯亲事为吏，而又不能对全局有所建言参议而自行离去。

这种情况，在地方政权中也不例外。因为，汉时官属犹如君臣，刺史在招聘人员的眼里不被当作君，他们也不把自己比作臣，也就成为他们其实是游离于正官制度以外的从政人员的一条旁证了。

再从行事功能上看。两汉官制，郡一级机构都有郡丞的设置，品秩六百石，向有"二太守"的称谓，职掌是"于郡事无所不关"。听上去好像职权不小，实际上却很少有能够作为的。相反，太守自辟的百石小吏却时时出尽风头，就如类似庞统式的人物，位卑见信，品低任重，常常把郡丞比下去。所以，当东汉的赵温被授予京兆郡丞时，非但不高兴，反而仰天慨叹："大丈夫生当雄飞，安能雌伏？"显而易见，地方长官重用私聘人员以及私聘小吏逾职谋政、侵代正官乃至凌驾于正官之上的现象，已扬厉得不足为怪。

由此，在以巩固和完善"君权"为出发点的封建政体中，早期幕僚作为另辟蹊径的一个造化，堂堂皇皇地迈上了政治舞台，并作为正规官制的补充，比肩合成为封建国家政治格局中二轨分立、交汇同行的运作机制。

■ 不容忽视的幕僚力量

关于幕僚制度，就一般意义而言，是我国古代权臣、戎帅、疆吏或牧守引荐自己的亲信入幕参与行事决策而采取的用人措施。如果作用于政治，它立马就对各级封建统治者的治理产生不可忽视的作用。

对于幕僚在政治过程中的特殊功用，近人黄濬在《花随人圣庵摭忆》中说得贴切："古人凡当一面者，无不妙选幕僚，其作用有二：一则如今所谓专家治事，一则罗致有声名气节能力之士人，资其见识以救匡疏失，丰其俸养，勿使其出而为患。即观历代开国用人，其意义何莫非如是。"因此，幕僚参政佐政在不见典章的情况下，仍然不断地得到了封建统治者的默许和鼓励。到了魏晋南北朝时期，一方面是封建职官制度出现了空前的紊乱，另一方面，幕僚参政则趋于全面形成。

参军、记室、军师、主簿、军祭酒等幕职称谓的出现，标志着不同于正官系列的幕僚机制在分工、职能方面趋于明确，臻于完善。

秦汉时，椽属发生了向幕僚的偏转；魏晋时，军事成为政治活动的中心，幕僚中参与军事活动的，大多带参军事的名义。荀彧在曹操幕中"左右王略，发言授策，无施不效"，"奇策密谋，悉皆共决"，如此重用，实际职称是参丞相军事。其他诸如贾诩、张范等人也以参司空军事、参丞相军事的名义入幕，简称参军。蜀汉方面，诸葛亮的相府中，也有参军的幕称。如马谡"才器过人，好论军计，丞相诸葛亮深加器异，以谡为参军"。

参军之外，又有记室、军师、主簿、军祭酒等。比如曹操幕中，陈琳、阮瑀就任记室之职，政令文件、军国书檄，概出自他俩之手。荀攸就任军师，因为无征不从，足智多谋，屡屡克捷，"转为中军师"。主簿原来是汉以后通用的官名，曹魏时引为幕称，如刘晔为主簿，从征张鲁时，"督后诸军"，早已不是原来意义上的主簿了。祭酒相当于首席的排列，军祭酒，也就是首席军事幕僚。曹操幕僚中如郭嘉、袁涣、董昭等人，都用过这个头衔。

到了两晋南北朝时，上述幕称不但大体沿袭下来，而且益趋完备。

仅以参军为例，两晋时，王府、都督乃至各征、镇、安、平将军幕内，都有参军的名义。在分工上谘议参军专事谋划，记室参军专掌文翰，其他还有录事参军及专司功、仓、户、田、兵、法参军等等，呈现了员额更众、层次更多、分工更细、职司更广的征象，这些都为幕僚政治的膨胀充实了实质性的内容。

其次，魏晋南北朝时，中央和地方军政长官自行辟署招募士人入幕的风气延播更广，也为幕僚政治的展开实现了组织措施上的保证。

汉代三公开府，中央有定规，这些都是许可之中设立的禁限。但到了两晋，定规除了还具有索讨编制吃名份俸禄的意义之外，根本不存在限制的作用了。"皆阜零辟""临时增崇"的无限权力，逐步为中央所认可。自此，各级行政和军事长官自辟幕僚就具有了"合法"的意味。

封建统治者默许乃至鼓励幕僚佐政的泛化，本义是为了巩固和完善封建国家的中央集权，即"君权"，这在一定程度上是达到了目的的。但与此同时，也出现了一些始料未及的后果。最显而易见的是各级军政长官自设私幕，充分依靠幕僚，使得幕僚侵代正官、凌驾于正官之上，乃至驾空正官的现象越来越严重。比如曹魏时，曹洪领兵攻打刘备，曹休是他的参军。临出征前，曹操关照曹休说："汝虽参军，其实为帅。"曹洪听说后，索性把一切军务都委托给曹休，自己做起了空心大佬。又如诸葛亮初出茅庐，刘备聘其任军师，但他实际管辖的范围，可以说是刘备以下，无人能及。这样一来，幕僚受宠信的程度日益显著，俨然成为政坛上一支声威显赫的"影子部队"。

在两晋南北朝时代，幕僚侵代和超越正官的现象发展最盛，于是预备取代国家最高统治者及其表现形式（朝廷）的霸府顺势出现了。这里说的霸府，其实也就是权力更替之前，由幕僚为权臣即新君主组成的"影子内阁"。当取代尚未完成时，因皇权衰微，政出霸府，号

▲ 古代皇帝与臣同乐

称朝廷的国家最高正规官署已经是徒有虚名了，而一旦取代实现，霸府即由暗转明，一跃而为新王朝的军政中枢。《晋书》专为孔愉、丁潭等著名幕僚列传，并作结论道："孔愉父子暨丁潭等，成以篠荡之材，邀缔构之运，策名霸府，骋足高衢，历试清阶，遂登显要。"《北史》称崔季舒"虽迹在魏朝，而归心霸府，密谋大计，皆得预闻"。另外，《南史》中"梁武霸府建，引（王骞）为大司马谘议参军"等，说的都是这类现象。

可见，霸府即权臣幕府的出现，不仅标志着幕僚政治在这个时期的全面膨胀，同时也显示出一个独立于正官之外的幕僚队伍已经成为封建政治中不可替代的重要力量，而且在一个特定历史期限内，其声威之显赫足以使正官黯然失色。

■ "囚虎为猫"的幕僚政治

幕僚政治的迅速膨胀，一方面为自身的发展拓宽了道路，另一方面也严重地侵削了正规的职官机制，这对稳固封建的大一统政府来说，其实是一种异化。

为什么起源于巩固完善"君权"的幕僚佐政，有可能成为不利于中央政府的因素呢？形成转化的根由，在于自辟私聘建立了紧密的人身依附关系，造就了不受国家制约，唯幕主是从的政治机制。这个机制本质上不是"君权"的"宦囊"，而是官长的"私囊"，只要官长有悖君王，幕僚政治随时可能成为对抗中央政府的因素。于是，从长治久安的目的出发，为维护"君权"的正统，中央政府又开始限制幕僚政治的肆意膨胀。

宋代一改前朝风气，特别是深鉴唐朝五代以来，藩镇开府立幕、时时严重危害中央集权和国家统一的教训，对任用幕僚的措施作出了重大的改易，具体地说，也就是在任和用的两个方面一改前辙。从用的方面看，侵代正官、以幕僚为核心来实施政治的功能逐步受到削弱，而协助长官、为贯彻封建统治者的意志去实施管理的职能开始加强。当时采取的主要手段是：把原本属于幕职的功能全部纳入正官职掌，所有承担人员一律编入正规官制，统称为"幕职官"。如《宋史·职官志》有"幕职官"专项云："签书判官厅公事、两使防团军事推判官、节度掌书记、观察支使，掌裨赞郡政，总理诸案文移斟酌可否以白于其长而罢行之。"就此将他们的职能限制在很具体的佐理治事或执掌文书范围内，幕僚颐指气使的气焰当大为收敛。从任的方面看，赵宋皇帝废除了自辟私聘的惯例，在选用方式上杜绝了幕职官以宾客身份与主官发生非正规隶属关系的可能性，明确要求，无论是哪一级机构，无论是需要多少幕职官员，都需奏请中央，由吏部统一委派。这样一来，过去那种幕僚作为幕主私囊的豢养与自行辟除的独断都受到了禁阻，恃势见信，侵代或架空正官的现象，终于从大体上得到了控制。所谓的"大体"，当然也潜在不彻底的因素，特别是元、明两代各级封建长官堂后立幕自行辟僚的现象，仍俯拾皆是。

不过，宋王朝对过于膨胀的幕僚政治力行削弱的意义，毕竟是引发了幕僚功能逐步由政务性向事务性转化的趋势，并使这个过程最后完成于清代。当时尽管地方督抚和府县长官在官定属员以外自行聘用幕僚的风气得到了恢复，即众所熟悉的"师爷"现象。但在历经数代规化后，幕僚与政务之间的距离已拉得很开，纯事务性特征日趋明显，已不再具备与正官互为犄角的气势了。可见，宋以后的幕僚政治重新作为正规官制的补充，其实是对完善"君权"的一种复归。而这一进程的实现，关键不在于改变了幕僚作为"私囊"的本质特征，而在于改良了这个机制的功能。

清代幕僚的主要职掌，首先是刑名和钱粮两项，所谓"刑名师爷"和"钱粮师爷"，其次是为督抚监司在州府县厅则称书启，专办奏案。另外，还有因幕主所需所好而在幕内专设的分派，如"咸、同间，曾文正公国藩督师剿粤寇，幕府人才，一时称盛，于军旅、吏治以外，别有二派，曰道学，曰名士"。又"粤省幕友，刑名、钱谷两席有分办，有兼办。南海、番禺两首县，案牍较繁，分捕属、司属、客案各席。广府分属案、提案、客案三席。臬司分广股、惠股、潮股三席。藩司分东西文案两院"。这些幕职均具有明显的事务性特征，正像《重编留青新集》中《示怡园侄》一札所记，清之幕僚完全不同于古之长史、参军"惟系辟佐藩镇间，亦通籍于朝"，而是"以值相招，以力自食"的雇员，其声势地位确是远远不及正官来得堂皇了。

当然，也不排斥事有例外，尤其是太平天国起义爆发后，军事活动与洋务新政处于政事中心，高、中层次的政权机构和军署兵辕内，再度涌现出很多政务性的幕僚，有的八面威风，不减当年"影子部队"的虎气。比如，左宗棠被湖南巡抚骆秉章延聘入幕时，初为参预"剿逆"戎机，因才识过人得到宠信，跃然成为坐筹帷帐的主干。据说有一天骆秉章正在私室休息，忽听辕门炮响，按清制督抚级的地方长官在向皇帝呈送奏折时，才行此礼仪。骆秉章想，自己小寝未起，怎会有炮响呢？忙问左右是怎么回事？左右答道："是左师爷在发军报折。"后来，左宗棠专擅独行的事干得多了，别人戏谑地称他为"左都御史"（当时骆秉章的官衔也不过是右副都御史）。由此可见，只要氛围适宜，曾经是叱咤政坛的"影子部队"，仍然可能破囚而出，再现锋刃。

第二节　古代幕僚的思维与活动

■ 流行千年的幕僚

幕僚政治纵贯封建社会2000多年，由生而兴，时起时伏，走过了一个"之"字型的曲折道路。历史的评价，须有公论，其间，幕僚政治作为封建政治中业绩不凡的一个重要建树，至少是留下了许多大可咀嚼的果子。

首先，幕僚政治作为封建国家诸般人事任免制度的补充，为封建政权罗致人才开辟了道路。它可以不受门第限制，可以不为道德名节所羁，只要有真才实学，就可径直进入不同等级的枢要，参与国家的政治和军事活动，并施展其抱负与才干。比如"五胡十六国"时代被汉国刘渊引入幕中的陈远达，"少而孤贫，常躬耕"；辅佐前秦苻坚创业的名幕王猛，"少贫贱，以鬻畚为业"。唐朝时安禄山的亲信幕僚高尚，德行极差，"母老，乞食自给"，他不顾，又奸淫朋友家的婢女，只因"笃学，善文辞"，就被新平太守推荐给高力士，再由高力士转荐给安禄山任平卢

▲ 古代外交使节

节度使掌书记。这在察举制向科举制过渡的时期及其以后，无疑是从寒士中"不拘一格降人才"的取仕途径。与此同时，也弥补了门荫世袭制、封建等级制所带来的尸位素餐的缺漏，使封建政治机器变得比较有效。

其次，幕僚政治在一定条件下，也为封建国家锻炼和考察吏才创造了条件。宰相起于州部，猛将拔于卒伍，这在秦汉时期是通行的擢吏观念。隋唐以科举为宦途后，唐太宗有这样的见解："今专以言辞刀笔取人，而不悉其行，至后败职，虽刑戮之，而民已蔽矣。"于是，为了改变从读书人直接做官而不堪胜任的状况，封建统治者绞尽脑汁，后来发现，最好的办法莫过于让新登第的士人先去地方政府充当幕僚，培养实际的办事能力，然后再根据实绩授以有明确职掌的官职。唐开元后，这种做法逐步得到了推广。《新唐书·李石传》中说，李石中了进士，"辟李听幕府，从历四镇"；《崔铉传》中也有类似记载，"擢进士第，从李石荆南为宾佐"，都在地方政府内充任幕僚。有人作过统计，唐自肃宗以后，为宰相者共181人，除12人情况不详外，约有五分之三的人曾在幕府供过事。

然而，由于幕僚政治长期与正规的职官制度处在既相互补充又相互对立的状态中，不可避免地产生了许多消极的影响。从相补的方面看，作为职官制度的补充，幕僚从政是有益于完善"君权"，加强封建统治的，尤其在封建官制不完备、分工粗疏的情况下，幕僚对国家机器的建树功不可没。从对立的一面看，幕僚又不同于正官，始终是封建政治与中央政权若即若离的力量。绝对服从幕主与不受国家行政职责规范制约的特性，可以使他们成为完全不受封建国家驾御的力量。这样一来，封建的中央政权依赖于双重的政治机制（正官制与幕僚制），而系统的运行时常变得很难协调，充满了牴牾。于是，在相当长的时期里，幕僚常常成为削弱皇权、辅佐地方对抗中央或是帮助某个权臣实现篡政的政治工具。

综观漫长的封建社会，两千多年来，朝中有朝、以旁代正、攻讦不止、阴谋百出、暗流丛生、内耗深重乃至政变迭起的政治局面无法消弭，不能说幕僚政治不是一个作祟的因素。为此，中央大一统铸成定势后，从杜绝这种可能性的目的出发，逐步对幕僚采取了日趋严厉的压抑态度。尽管如此，幕僚政治所具有的魅力，仍然风韵犹存。就拿明朝来说，将幕职纳入官制的做法，基本上因袭宋朝，但燕王朱棣要谋反，就无视国家典制，在府中自辟了许多幕僚，组成"影子内阁"。其中有个叫姚广孝的和尚，把禅机玄奥的功力转到阴谋幽设的方面，功效卓著。后来燕王进京登上龙座，姚广孝也随之蓄发还俗，授太子少师。又如宁王朱宸濠蓄谋不轨，也采用了广置幕僚的办法。

由此可见，只要权力与结党之间的私人占有不绝，幕僚政治死灰可以复燃，重放异彩的断论，并不算危言耸听。中国封建社会植就的幕僚政治之树，花开花落，千年不凋。

■ 幕僚应具备的智力结构

人的思维是一个认识客观事物并运用知识解决实际问题的智力系统。该系统是由相互关联的若干个智力因素构成的。智力因素主要表现有：注意力、观察力、记忆力、联想力、判断力等。智力结构是人思维的基本物质条件，结构构成不是这些智力因素机械简单地相加，而是互为影响，有机融合而成的。那么，幕僚应该具备哪些智力结构呢？

1. 幕僚注意力

注意力是出发知识产生的前提，是人针对某个对象启动思维的开始。

（1）幕僚注意力有明显的定向性。幕僚社会思维注意力定向一般不是"自由选题"。世间许多社会问题的表象，会使幕僚定向于不该注意的对象。幕僚是围绕决策者意图来工作的，意图包含两个内容：一是目的，二是手段。幕僚要能察觉决策者所注意的社会思维对象是什么，领会决策者的目的所在和实现目的所要采取的手段（或方法等）。幕僚注意力定向要与决策者意图相一致。

（2）幕僚注意力是对决策者意图的升华。幕僚的注意力要与决策者一致，这是基本要求。幕僚注意力是否产生，判断的标准则是主观能动性有否发挥。

（3）幕僚注意力要达成与决策者的默契。决策者意图并不总是很明白地展现在幕僚眼前，幕僚注意力定向往往与决策者是"心有灵犀一点通"，不言自明。

2. 幕僚观察力

观察不是单指肉眼的观察，不仅所见，还有所闻，还有包括直接和间接的经验教训的总结、加工信息的获取、科学实验等思维实践活动。

（1）幕僚应对广泛事物具备观察力。"上知天文，下知地理"，这是对优秀幕僚的要求。

幕僚针对复杂的社会思维对象开展思维，就不可能局限于一个专业，或一类事物的认识，其联想必须是广泛的。

（2）幕僚对决策者也要具备观察力。因为幕僚思维是辅助决策者的思维，对决策者的性格、脾气、习惯等秉性不了解，很容易使幕僚与决策者两者思维出现"南辕北辙"，这时幕僚思维也就失去辅助作用了。

（3）幕僚有条理的观察是产生观察力的必要条件。幕僚对复杂社会思维对象开展思维，需要多次或较长时间将注意力集中，观察力才有可能产生。这是前提。但观察如果是杂乱无章进行，观察效果肯定是不佳的。条理性是事半功倍地产生观察力的必然选择。

3. 幕僚记忆力

记忆力是思维的源动力。幕僚社会思维要产生注意力，对所观察的社会思维对象产生本质和规律性的认识的欲望，都是脑中记忆的知识来萌动的。

（1）幕僚思维广度来自于记忆知识广泛。幕僚想精通许多专业知识是做不到的。但常识性知识是可以掌握的，幕僚对常识性的多类领域的知识记忆越多越好。

（2）幕僚记忆知识释出是为了产生思维。记忆不等于记忆力，记忆是指脑中的知识存储，记忆力是指知识从脑中释出产生思维的能力。在脑中存储的知识基本可分为两大类，一是理解知识（知其所以然），二是"固化"知识（知其然）。能够释出脑中用于思维的知识是理解知识，"固化"知识原封不动地释出也就是"死记硬背"。"固化"知识在向理解知识转化之后释出，才可能产生正确思维。

（3）幕僚记忆力是在思维实践中提高的。人脑中的知识，一是从书本中获得，二是从实践中获得。书本中获得的知识，进入脑中，不可能都是理解了的知识。要将"固化"知识转化为理解知识就要通过实践。幕僚所从事的调查研究、经验总结、计划拟定、前期论证、策划方案等，就是将"固化"知识向理解知识转化的思维实践。只要将脑中所记忆的"固化"知识能转化为正确理解的知识，这就是"实践出真知"了。

4. 幕僚联想力

联想力是从记忆中追索出所需要的知识，在注意、观察之中形成出发知识到结论知识之间的接通媒介。联想好比是在出发知识与结论知识之间的"桥梁"，联想力则是架设这座"桥梁"的能力。

（1）幕僚应善于在丰富的联想中综合出正确的"直观内容"。幕僚思维需要

丰富的联想，但最需要的是能从的联想中综合出正确的"直观内容"的能力。

（2）幕僚要力避从概念到概念机械僵化的联想。所谓概念到概念是指以一般"普遍法则"作为出发知识，不联系具体实际，又以"普遍法则"为结论知识的联想。

（3）幕僚的联想力还突出表现在能将常规联想变异。常规联想变异就是俗称的诡诈，也叫谋略，目的是促使竞争对手产生判断上的错误，继而在行为上也犯错误。幕僚谋略的产生，是联想力高度发挥的结果。优秀幕僚思维高于一般人，一个显著的标志就是联想力的差别。

5. 幕僚判断力

判断力是对已产生的出发知识或结论知识确定其正误的思维活动，也是对联想的选择和鉴别。判断力主要运用逻辑思维方法。

（1）幕僚需要很强的判断力。有许多幕僚自身认为，决策者的判断力要高于幕僚，幕僚的联想力要比决策者丰富。这是一种误解。幕僚不是决策者，最后的决心和决定是决策者来做出的。但这决不意味着幕僚对自己的联想正误不需要去做判断。幕僚的建议和意见，如果不管对错，都让决策者自己去判断正误，这就不是真正意义上的幕僚了。幕僚如果是"事后诸葛亮"，幕僚的存在就没有任何意义了。

（2）幕僚判断力强弱不在于资历。处在相同的客观条件下，人与人比较，在判断力上有很大的差异。幕僚实践经历较长，在联想力上可能会比较丰富，但在判断力上就很难肯定了。

（3）幕僚要善于作盖然性的判断。有不少思维对象的结论知识正误是难以判断的。如军事作战的部署决心是否正确，由于过程中存在一些变数难以预料，这就使最后究竟如何，难以做出正确的结论。但是成功的可能性有多大，基本的想法客观面大不大，思路的方向对不对，还是可以判断出来的。

6. 幕僚群体智力组合

幕僚智力结构是一个有机构成的整体，幕僚单个人要针对政治、经济、军事、外交等方面全面具备"见微知著"的注意力、"敏锐深透"的洞察力、"活化运用"的记忆力、"广博贯通"的联想力和深刻准确的判断力，是难以做到的。每个人的智力因素必有长短，但在一个幕僚群体中，是可以互补的，一个优化的幕僚群体智力组合是相当重要的。

■ 与众不同的幕僚思维

知识、观念、习惯、经验是人在思维中最基础、最根本以及最活跃的必备要素。这些要素一般是"固化"在脑中的。这些要素是如何构成及如何运用，一般人是无意而为的。但幕僚思维不能与一般人等同，脑中储存的知识怎样形成合理结构，怎样把握观念的运用，怎样突破思维习惯，怎样防止经验主义，是需要认真研究探讨的。

1. 幕僚知识结构

从某种意义上说，幕僚知识结构就是人脑中所储存的可用于抽象分析思考的认识。人缺乏某一方面知识，对于某一方面思维对象也就无从开展思维。对于优秀的幕僚而言，他们对所处领域所应必备的知识是比较精通的，对所处领域社会活动比较熟悉，对活动的内在规律也有比较多的了解。核心知识决定了在不同领域工作的幕僚相互之间不同的"质"。

幕僚除核心知识外，还应具备第二层次的中间知识。中间知识系指思维科学方面的知识。思维科学理论是运用核心知识的辅助性知识，是幕僚开展社会思维活动必不可少的基础知识。

幕僚知识结构中的第三层次是外围知识。即幕僚应广泛涉猎其他领域的常用知识。因为，幕僚开展所处领域的思维，不可避免地要跨

▲ 古代私塾

出所处领域的范围。"孤陋寡闻"是幕僚思维的大忌，幕僚掌握的外围知识是越多越好。

幕僚知识结构不应是一个"固化体"，而应是一个开放的"能动体"。对于优秀幕僚知识结构的概括是：要有知识（系统）、常识（积累）、见识（视野）、学识（融汇）、卓识（创新）。

2. 幕僚思维观念

观念是人们脑中固有的，对事物已经形成的某种看法。它不是一般知识在脑中的记忆，而是对事物认识已有强烈的感受，在脑中根深蒂固的认知。观念是可以改变的，但要改变却是很困难的。在思维过程中，观念可以直接产生出发知识。观念的种类是很多的。如时效观念、政策观念、保密观念等等。这些都是共性应具备的观念。对幕僚而言，还有三种观念，是带有个性的，可以说是幕僚必须具有的观念，对幕僚思维有相当重要的影响。

第一，围绕意图，价值同向的观念。幕僚与决策者所处地位不同，幕僚是决策者的助手，幕僚思维是辅助性的思维。幕僚思维的出发知识与决策者不同，结论知识也必然是不同的。这在思维上就不是辅助性的了，而是对立性的。幕僚思维要围绕决策者意图，只有在与决策者的思维出发知识和自己思维出发知识相一致的情况下，才可能做到。如果幕僚要想保持与决策者的主辅关系，达到辅助思维的目的，也只有以"价值同向"来思维了。当幕僚认识到在结论知识上与决策者不同时，要么自己加以改变调整，以免思维结论与决策者是对立的，要么试图使决策者改变与自己不同的结论知识。

幕僚辅助性思维开展，还表现在执行中，如果遇到紧急情况，必须机断行事时，也不能脱离决策者总的意图和既定的决心行事。

第二，忍辱负重，甘当配角的观念。忍辱负重并不是要求幕僚对决策者唯唯喏喏，不管对什么事情谁是谁非不去理论。如果幕僚一味地迎合决策者错误的意图或价值取向，幕僚本身很容易导致思维上的错误。

当幕僚与决策者在出发知识或价值取向不同时，隶属于决策者下级的幕僚如果要谋求自己独立的人格，坚持己见，从历史的角度看，是很难与决策者在思维上保持融洽的主辅关系。幕僚只有甘当配角，才可能忍辱负重，只有能忍辱负重，才可能韬光养晦，谋划多方。

第三，严律操守，谋福众生的观念。古代幕僚大多依附于权势，以权势的是非为是非，看权势的眼色行事，一句话，不需要自身的独立人格，更不许有独立人格，只是"学得文武艺，卖得帝王家"，知识为王者所用而已。一句话，其服务对象并不是天下苍生、万物黎民，而是视天下为囊中物、视万民为刍狗的一人或极少数高居"金字塔"顶端的人。

3. 幕僚思维习惯

所谓幕僚的思维习惯，就是不自觉地运用某种思维方式进行思考产生思路的一种惯性。

联贯思维方式应成为幕僚思维的习惯。即由此及彼、由表及里联贯起来思索的方式。

幕僚要善于摆脱已养成的思维习惯。思维习惯是每一个人都有的，但能摆脱思维习惯，却不是每一个人都能做到的。摆脱思维习惯，对幕僚而言是相当重要的。针对复杂的社会思维对象，仅仅运用联贯思维方式产生思路是相当不够的，即不足以更加深入思考问题。所以幕僚不能被思维习惯所束缚，当联贯思维方式不足以产生明确的结论知识时，要能动地上升到更为慎密的思维方式上。

幕僚思维不仅仅是出一个"点子",想一个办法。优秀幕僚思维水平高于一般人,主要表现在对复杂思维对象上能运用更为慎密的思维方式来开展思维。针对复杂思维对象必须选择运用整体思维方式,并逐步上升到运用系统思维方式。所以幕僚必须时时注意用运用整体思维和系统思维方式产生思路来突破原有的思维习惯。但系统思维方式运用往往不是幕僚个人的单个运用,而需要一个幕僚群体的集体智慧。

4. 幕僚思维经验

优秀幕僚在人们的印象中,一是阅历丰富,二是办事老道,三是深谋远虑等等。所以这样,是因为他们积累了一定的社会经验。社会经验就是人通过行为实践后总结出来并储存于脑中的特殊知识。任何人在开展思维的时候,不可避免地要从已有的经验来产生出发知识,或以经验为"直观内容"。如果针对某个社会思维对象没有丝毫社会经验,思维就失去了运用思维方式产生思路的基础,乃至出发知识都无从产生,出现思维"空白"。

丰富的社会经验是幕僚思维基础厚实的反映。如果幕僚思维涉及的范围很广泛,社会经验积累就会越多,思维的发散面就可能越大,可以针对不同的思维对象融会贯通,举一反三。当然,幕僚思维不要被社会经验所局限。因为不是任何社会经验都带有普遍性的规律,许多社会经验是一定条件下的产物。当条件不具备,或条件有所改变时,社会经验是不能照搬的。

■ 幕僚的三大心理活动

人的行为受思维支配,人的思维则受心理影响。心理对人已有的观念、习惯、经验起引发作用,继而又会转化为思路的导向。所以,在一定意义上心理决定思维正误。纵观古今中外幕僚的思维活动,从心理上剖析,大体上可分为三种类型,这就是"居中""偏向"和"病态"心理。

1. 幕僚"居中"心理

"旁观者清，当事者迷"，这不是笑谈，而是千年古训。在古代，就有一些高明的决策者，喜欢听取"中间"人士的意见和建议。因为这些"中间"人士，能居于"旁观者"的位置，没有"先入为主"的心态，"感情"成分少，倾向性不大，思维结论是以客观为标准的成分较大。

幕僚处于"居中"心理的内在表现是能排除思维对象非本质的外因影响，将思维对象的本质，作为思维的出发知识，从而再产生结论知识。春秋时，著名幕僚祁黄羊在国君向他征询谁能为官时，向国君推荐了自己的仇人和儿子。当国君问及这不是你的仇人和儿子吗？他回答是：你不是问我谁能为官吗，这与是不是我的仇人和儿子有什么关系呀？这两人上任后的表现，证明祁黄羊推荐是对的。这种"外不避仇，内不避亲"的用人思维，是极具典型的"居中"心理来引发的。

幕僚处于"居中"心理的外在表现是从"公心"出发，直抒己见，秉公直谏（并不意味着不讲究方式方法）。

在中国历史上，由于封建社会时代的局限，能将心理"居中"的幕僚极少。所以极少，主要原因是民主意识环境没有形成，幕僚基本是决策者的"附属物"或"小媳妇"，决策者掌握着幕僚的"生杀大权"。决策者对幕僚的好恶，决定着幕僚的前途。凡有"独立人格"，而又有真才实学，有真知灼见的幕僚，多数得不到决策者的信赖。"宁为知己者死"是有"独立人格"的幕僚的千年感言。

2. 幕僚"偏向"心理

"偏向"思维心理是人针对某一思维对象，尚未开展思维时，已经"先入为主"的一种心态。即先产生结论，然后牵强附会，自圆其说地去论证，千方百计地要认为原先已想好的结论一定是正确的。幕僚的"偏向"思维心理具体表现在：

一是迷信决策者的思维能力，或受"权威"心理左右。

二是一切从有利于己，而不利于彼去假设论证。

三是以某个成功或失败的例子为佐证，不完全地推理出结论。

四是用"极端"观念来判断正误，被"舆论导向"所左右。

五是"思维同质化"，习惯于一种思维套路而简单套用。

幕僚的"偏向"心理，还属于可以转变的一种心态。人的思维是有惯性的，往往对所熟悉的思维对象，就容易以观念或经验去作判断和推理，较快地形成思路。但幕僚思维与一般人应当不同，应是能够扼制这个惯性，将"偏向"心理纠正。如对决策者的思维结论的"迷信"，在经历社会实践检验后，真理标准浮现，"迷信"就有可能消除。"偏向"心理虽然不是健康的心理，但也不是完全"病态"的心理。观念、经验等是正常人的思维必然存在的要素，世界上不存在没有观念、经验的人。

幕僚若对所针对的思维对象如果已经存在了某种观念，这就意味着"偏向"心理已经形成。这种"偏向"不一定都是对的，也不一定都是错的。

不过在思维运用时，还要具体分析，广义上的运用可以照搬，狭义上的运用就不能照搬。

3. 幕僚"病态"心理

幕僚思维"病态"心理是"偏向"心理发展到不可改变时的一种心态，是反逻辑、反科学的思维心理疾病。"病态"心理的具体表现在：

一是发现所获信息有误，或结论知识明显已不符合客观时，仍旧视而不见，听而不闻，不顾客观，固执己见。

二是在出发知识与结论知识之间，没有逻辑推理的过程，没有接通媒介，从出发知识直接就产生出结论知识。最典型的就是"赌运气""求八卦""拜佛占卜"等，逢事就要"听天由命"。

三是坚信某个"普遍真理"并作为出发知识，然后再以简单的联想，根本不想作具体深入分析就得出结论知识。

"病态"心理产生的根源，从思维学角度上分析，是掌握的信息量不足，掌握的知识也不足以得出结论，又没有办法得到必要信息，思维结论很难得出，这时，矛盾交织就可能心存"迷信"。

在"事主"幕僚机构中，由于组织形式不构成"独立性"，"居中"心理的形成是有一定困难的。但是"非事主"幕僚机构中，"居中"心理也不会因组织形式的独立就自然会产生。"非事主"幕僚在集体咨询中，应当没有"权威"的存在，即不是在"学术权威"事先已经定好的某种思路上"顺杆爬"，或者事先规矩只能以一种结论来开展思维。"三个臭皮匠，顶个诸葛亮"，所以能"顶"，是因为三个"臭皮匠"的智慧能够得到综合。

 **拓展阅读**

长官的私人班子：入幕之宾

作为幕僚政治的实体性因素，除了"幕"以外，再就是入幕之宾。一般说来，"幕"与公堂相对，是为政者自设专擅的政治机构；入幕之宾则与官吏相对，是长官的私人班子。这类人物，大多取用于出身低微的士阶层，史书上统称为"幕宾"或"幕客"。通常幕宾也有两类：居官职的称"幕僚"；无官职的称"幕友"。相比之下，入幕为僚者居多，久而久之，幕宾的称谓反而不如幕僚来得耳熟和响亮了。

有一点需要说明，幕僚的官职与正规的国家官吏的职衔并不是一回事，名实之间的若即若离，也算是幕僚政治的一种奇特的属性。

中国封建社会，有着一套逐步走向成熟的人事任免制度，大致可以概括为：世袭门荫制度、察举征辟制度、科举考试制度及考核奖惩制度、亲属回避制度、监察弹劾制度、行政立法制度等等。国家官吏必须通过这些制度进行选任考核、升迁降黜。但幕僚可以不通过这些制度而被引入政治中枢或各级行政机构。严格地说，他们大多是游离于国家正规职官制度之外的成分。

那么，幕僚为什么又具备官职呢？这里面大致有三种情况。

其一，幕主自拟名义，授予虚衔。比如，汉末时，曹操以丞相身份统兵，网罗了一大批人才入幕，大多赋予"参丞相军事"的名义，这就是虚拟的，因为它在正规官制中并无品级、职司和俸禄可查。

其二，有名无实，官职只是一顶假帽子。比如，唐代杜甫，游历四川时，被剑川节度使严武聘入幕中参谋军事。严武为了替杜甫弄个名义，上表朝廷，奏请官职，得了检校工部员外郎的官职，这也是杜甫被称为"杜工部"的由来。但事实上杜甫承担的责任从来与工部不相干，也没有去工部点过卯、支过薪。

其三，名实不符，官职与责任相分离。大多表现为：品秩卑微，实际地位显赫。

第二章
先秦幕僚"初养成"

幕僚制度在中国有着悠久的历史。《周礼》载:"六官、六军并有吏属,大则命于朝廷,次则皆自辟除。"夏商之家臣、两周之命士,"身贱而见信,位卑而使重"。可以看出幕僚对他们的主人的影响很大。

第一节　幕僚始祖——士

■ 先秦幕僚的前身：士

"士"是中国古代社会中具有一定身份地位的特定社会阶层。"士"的阶层很早就出现了，东汉许慎《说文解字》训曰："士，事也。"段玉裁疏此字道："凡能事其事者，称士。"那么，"士"在远古社会是一类有专职、有特长的特殊社会群体。冯友兰认为："'士'字之本义，似是有才能者之通称。"

后来，"士"泛指具有一定才能的民间人才。他们是从平民中分化出来的一个特殊阶层，往往出身于贫寒之家或没落的贵族，靠自己的一技之长依附于贵族，为他们提供各种服务。可以说，"士"是先秦社会最为重要的一个社会群体，它的产生和发展影响着以后几千年中国文化的面貌。

在西周前期，周文王、武王、周公面临草创大业的政局，急需大量的人才。《诗经·大雅·文王》诗曰："思皇多士，生此王国，王国克生，维周之桢。济济多士，文王以宁。"意思是说，生于周文王时代的英武智能之士，是国家赖以生存的栋梁，仰仗众多美好的周士，才开辟了西周"文王以宁"的政治局面。诗中表露了人才的可贵及西周统治者对人才的渴求。所以西周选官制除世袭制之外，尚能不拘一格地"选贤与能"，如《诗经·大雅·文王》所说："凡周之士，不显亦世。"虽非显族，有功的贤能之士亦可以世袭爵禄。

在这样的情况下，西周时期出现了大规模挑选人才的选士制度，以及以培养人才为宗旨的教育制度。周代教育十分完备，贵族子弟享有各级教育的权利，平民也不乏受教育的机会，其培养目标就是德艺兼备、"出使长之""人使治之"的文武兼能之士。

这都是根据西周贵族统治的政治需要确定的。这样也就促进了"士人阶层"的出现和发展。周代选士，有相应的爵命制度，故有"命士"与"庶士"之别。

▲ 壁画

在先秦的社会结构中，"士"阶层处于一个十分特殊的位置。周代的分封制规定天子以下的贵族有三个等级：诸侯、大夫和士。所以，"士"是贵族与平民之间的过渡层，是介于大夫和庶民之间的阶层。

士乃是孟子所说的"无恒产""有恒心"的最下层贵族。所谓"无恒产"，即士不能占有土地，而诸侯、大夫都有一定的田产。天子是最高统治者，天子封诸侯国的领地给诸侯，诸侯再封邑给大夫。所谓"有恒心"就是当时的"士"无论有多穷也要佩剑，而佩剑正是当时贵族的标志。

所以，士人是西周时的贵族序列中最低的一个等级。命士则是指受有爵命的士人。"命"在古语里，指帝王按等级官职赐给臣下东西。

周礼中规定"有命士以上不入于市"，就是说，命士以上等级的人，不可以从商。《礼记·内则》中则说："由命士以上，父子皆异宫。"

提出"士"的理论标准的是孔子。《论语·子路》中子贡问:"何如斯可谓之士矣?"孔子答:"行己有耻,使于四方,不辱君命,可谓士矣。"这就是说,只要严于律己、忠君爱国的人就能称为"士"。孔子的这个"士"和"君子"的概念基本上是重叠的。

■ 中国最早的幕僚——伊尹

在甲骨文和金文中,"臣"就是奴隶的意思。夏商已有臣、尹、宰等家臣之称,夏商的国君拥有一些管理家务的臣仆,就称为臣、宰、尹等,这些人本来是一些奴隶,地位很低,由于得到君主的宠信,让他们管理各种家务,如膳食、衣服、洒扫、车马等,有时也参与一些政事,如传达君主的命令、管理籍田等。

中国最早的幕僚要算是伊尹了,但是伊尹并不能理解为一个普通人名,而且伊尹在甲骨文和金文中是不一样的,在甲骨文中称"伊",金文中称"伊小臣"。小臣是指伊尹的身份和地位,这在古书和甲金文中都有所记载,也称为"女师仆"。"傅""保"古音同,所以"保姆"也可以称"保傅",伊尹的官名也可以称为"阿保",《说文》中说:"娿,女师也,读若阿。"与保傅之名相对应。

伊尹,原名伊挚,尹为古代官名。伊尹辅佐商汤灭了夏朝,建立周朝,后来又辅佐外丙和仲壬,教导太甲知错就改的道理。所以,他不仅是一代开国元勋,还是三代功臣,也因此后代的商王对他十分尊崇。在甲骨文中,伊尹在"旧老臣"中的地位超然,卜辞中记载着"侑伊尹五示",就是侑祭以伊尹为首的五位老臣。还有"十立伊又九"的记载,意为祭祀伊尹和其他九个老臣。卜辞中不仅记载了合祭旧老臣是以伊尹为首外,伊尹还单独享有祭祀,或和先王大乙(汤)一同享有祭祀。

伊尹出身卑微,《墨子·尚贤》:"昔伊尹为莘氏女师仆,亲为庖人,汤得而举之。"《庄子·庚桑楚》:"汤以庖人笼伊尹。"商汤要娶有莘氏之女，伊尹自愿为"媵臣"，作为陪嫁跟随至商。所以古书中称伊尹为"有莘氏媵臣"（《史记·殷本纪》）。在夏商时期的臣，有各种不同的身份。古书中称伊尹为"小臣"（《楚词·天问》《墨子·尚贤篇》《吕氏春秋·尊师篇》），金文中称伊尹为"伊小臣"，甲骨文中"小臣"的身份是奴隶，地位极其卑微，但还是区别于一般奴隶，当时的伊尹主要是管理奴隶的小头目。"媵臣"即陪嫁奴隶，不同于商代以后的诸侯嫁女儿时派大夫陪送所称的"媵臣"。

《墨子·贵义喻》中记载了商汤见伊尹的经过，说明了伊尹的身份低微：

"昔者汤将往见伊尹，令彭氏之子御。彭氏之子半道而问曰：'君将何之？'汤曰：'将往见伊尹。'彭氏之子曰：'伊尹，天下之贱人也。若君欲见之，亦令召问焉，彼受赐矣！'汤曰：'非汝所知也。今有药于此，食之，则耳加聪，目加明，则吾必说而强食之。今夫伊尹之于我国也，譬之良医善药也，而子不欲我见伊尹，是子不欲吾善也！'因下彭氏之子，不使御。"

然而商汤认为伊尹是一个有才干的人，就破格免去伊尹的奴隶身份，任命为右相。左相仲虺也见伊尹是一个贤才，两人的政治主张相同，于是就一心和伊尹合作共同辅佐商汤，推翻了夏桀暴政，建立了商王朝。

后来，伊尹又继续辅佐太丁、外丙、仲壬、太甲几代商王，并建造偃师商城、郑州商城等商的王都，后来又对甲骨文进行了规范统一，在中医、中药上有所建树，"撰用神农本草为

▲ 伊尹

汤液"（《古今图书集成》）。"闵生民之疾苦，做汤液本草，今医言药性，皆祖伊尹"（《资治通鉴》）。开创丝织业，"伊尹以薄之游女工文绣"（《管子》）。出土的甲骨文卜辞中多有祭祀成汤和伊尹的，历代商王均把伊尹作为功臣与先王一同祭祀。

伊尹活了一百多岁，当了五代商朝相国，成为我国历史上第一个贤能相国圣人，史称元圣人，因孟子称"伊尹，圣之任者也"（《孟子·万章》下篇），又称任圣。

史料典籍对伊尹的功德多有记载，《尚书·君奭》记载："成汤既受命，时则有若伊尹，格于皇天。"《孟子》记载："伊尹相汤以王于天下"，"伊尹圣之任者也。"《论语》云："大贤唯有伊尹。"《吕氏春秋·慎大》中也说："汤立为天子，夏民大悦，如得慈亲，朝不易位，农不去畴，商不变肆，亲邦如夏，尽行伊尹之盟，不避旱殃，祖伊尹世世享商。"

"无为而治"的老子

道家由于了解古代历史，明晓各部族传说中的先史社会，故仰慕其自然之治，无为而化。因而作为自己学派的理想社会加以研究、发挥，并在此基础上总结其统治术，提倡统治者应"清虚以自守"，少扰民，用民，用"卑弱以自持"，像氏族首领那样以平等之心对待民人，故可取得万民支持，社会便不治而自清正。

道家思想的文化渊源之一便是帝王的统治经验，因此，老子大讲"无为而治"的统治术也就不足为怪。"无为而治"是老子治国哲学的核心意旨。

老子主张"为无我，事不事"，"处无为之事，行不言之教"，用"无为"去处事，用"不言"去教导百姓。

为什么要按照"无为"的原则来统治天下呢？其根据之一，就是宇宙万物的自然规律。天地对于世间万物是无所谓仁慈的，听任万物自生自灭。治国的"圣人"也当如此，听任百姓自生自灭天道自然，人道取法天道，治国也应当自然而然，顺应事物自身的规律。其根据之二就是对古代帝王统治经验的总结。老子引用古代君主的话来说明这个道理："我无为而民自化，我好静而民自正，我无事而民自富，我无欲而民自朴。"

老子讲无为，并不是什么事都不要做，而是说不要勉强，不要不可为而为之，一切顺乎自然，应当辅助万物自然发展，不勉强去做，违背事物的本性。他要求君主在行事时要去掉三种东西：即"去甚、去奢、去泰"，这实际上是要教导统治者为政不要苛刻，不要把个人的意志强加于天下。为政宽大，人民就纯厚忠诚。政治严苛，人民就抱怨不满。君主应没有自己固定的意志，以百姓的意志作为他的意志。民之所欲，天必纵之！治理天下绝对不能勉强，不可违逆民心。老子的治世哲学，可见其中的民本主义倾向。

老子认为，能够达到一种高明玄妙境界的统治者才是最好的统治者，"悠兮，其贵言，功成事遂，百姓皆谓'我自然'"，若统治者本人不用管理什么杂事，做到俗务不缠身，惜言如金，很少发号施令，管理的事少，但成功了，达到自己的目的，百姓也没有受到什么扰乱，百姓们都说自己本来就是这样。如果真能达到这样的效果，君王就真的能"垂拱而治"了。这才是十分高明的统治艺术。

老子认为，天下人之所以争名逐利，争夺不让，就是因为心中有贪欲存在。如果能从治国政策上加以调节，抑制人的私心和贪欲，那么天下人就不会相争，国家也就不会有乱子。而达到这种效果的最好方式是返朴归真，使民无知无欲。

老子还认为，百姓头脑聪明，帝王就难以驾驭他们。智慧、知识、礼仪、仁义等都是社会进化的结果，文明的标志，但文人不如野蛮人好糊弄、好统治。所以应对老百姓采取愚民政策，实行愚民统治。最好让老百姓像浑浑沌沌的婴儿一样,只专注于自己的耳目,头脑简单、文明开化程度较低,连些简单的道理都弄不明白,更不会有什么"大伪"了。绝对不会对统治者构成什么威胁、危害,只会乖乖地服从统治。这一套在现在听起来是危言耸听,实际上这一套在政治上有广泛影响,愚民主义成了中国传统专制政治的一个法宝。

老百姓变得愚昧,可统治者不能愚昧,统治者要有智慧,既要知人,又要知己。统治者要有"智",却要装作糊涂,少说话。因为帝王要是炫耀自己的聪明智慧,那么老百姓就会变得开化聪明,就不好统治了。因此,一定要装出一副糊里糊涂的样子。可见老子的治国哲学讲"无为",其目的是"无不为"。

老子的政治哲学在涤除了愚民复古的糟粕之后,其思想精华犹发出耀眼的光芒。这是老子思想生命力所在。

■ 孟子用"仁术"感化惠王

孟子主张推行仁政,但都没有成功,之后决定去魏国试试。孟子认为魏国一向尊崇儒家思想,再加上魏国刚刚兵败急于恢复国力,他所推崇的仁政有利于魏国治理国家,从而接受自己的主张,况且,魏惠王是因为失去卫鞅的协助才导致失败,这件事应该刺激到了魏惠王,现在,魏惠王必定十分希望找到一个能助自己成就大业的能臣恢复其祖宗基业。

魏惠王询问孟子:"怎么才能使人口增长,国力增强呢?"

孟子就说:"大王如能着手政治上的根本改革,而不归罪于荒年饥岁,则天下之民必蜂拥而来,魏国何愁人口不增,国力不强呢?"

魏惠王与孟子的接触好像蜂蝶恋花,翩翩嗡嗡绕花飞转,既落花蕊,必吮其甘甜,二人每说一次话,魏惠王的态度就好转一次,待到第四次相见,已经变得虚心诚恳了,表示:"寡人愿洗耳恭听夫子的教诲!"

孟子避开魏惠王的请教，反问道："用木棒杀人与用刀杀人有何不同？"

魏惠王回答说："没有什么不同。"

孟子又追问："用刀杀人与用暴政杀人有什么不同。"

魏惠王犹豫了一下说："当然亦无不同。"

孟子的话锋陡转，说道："如今魏国的情形是什么样子呢？大王的厨房里有吃不完的山珍海味，

▲ 孟子

马厩里有膘肥体胖的骏马，而百姓却一个个饿得面黄肌瘦，濒于死亡的边缘，原野里饿殍横七竖八，令人毛骨悚然，这等于为君者在率领禽兽噬人。野兽噬人，人尚且痛恨之，执政者率禽兽吃人，又怎么谈得上为民之父母呢？……"

为在冷酷竞争的现实中求得生存，魏惠王再次登门拜访，向孟子求教："当初，魏国强大，天下诸国很少能与之匹敌，可是到了寡人手中，东败于齐国，我的儿子被俘；西败于秦国，强秦掠夺我河西之地七百里；南面受楚国的侮辱，襄陵一战，失去八座城地。这是寡人寝食难安的奇耻大辱，依夫子高见，寡人该如何行事？"

看来，魏惠王还是念念不忘国耻。孟子说："只要施仁政于民，方圆百里的小国也能够王天下，更何况魏国是大国呢？减轻刑罚，减少税敛，使百姓不失农时深耕细耨，闲暇时间，以孝悌忠信之德教育青少年，使其入则奉事父兄，出则尊敬长辈和上级。倘能如此，哪怕是手持棍棒，也足以抵御秦国和楚国的坚甲利兵了。陛下请想

想，那秦国和楚国实行霸道，无时不在征兵征役，夺取农民的劳动时间，人民不能够耕耨以养其父母，致使父母冻馁而死，兄弟妻子东逃西散，有谁还会再与大王的仁义之师相抵抗，正所谓'仁者无敌于天下'！……"按一般纵横游说之士，见惠王提起国耻，定会投其所好，提出聚敛财富以加强军队建设，以对外战争来报仇雪耻。而作为一个思想家的孟子，则一贯推行仁政。这说明了他行为与理论的一贯性。

照这个趋势发展下去，魏惠王有可能接受孟子的仁政主张，孟子的仁政学说很可能首先在魏国得以实施。可是正在这时，年迈的魏惠王怀着富国强兵的梦想和复仇的愿望死去了。公元前319年，魏襄王即位，这时孟子已七十一岁了。

一天，魏襄王召见孟子，孟子急忙上朝，或许他希望他的仁政主张能够被这位新君接受。满朝文武正在议事，乱哄哄的，简直就是在赶集。再看襄王，个子矮小，身着宽大的绣袍，像木偶戏中的小丑。他身居高位，一会歪、一会侧、一会蹲、一会坐，毫无半点国君的尊严。虽说派人去召见孟子，但他既无目的，也无准备，究竟派人去召孟子干什么，心中连半点数也没有，仿佛儿戏一般。只朦胧之中意识到他当了国君，应当显示一下他"尊贤"的美德。可他公子哥儿的作风并没有改变。孟子见到这种场景，真是打碎了五味瓶什么滋味都有，想魏国的君主怎么一代不如一代呢。魏襄王见了孟子，连个招呼没打劈头就问："天下如何才能安定？"

孟子认真回答他说："定于一。"孟子的这个"一"，本来是指"统一"而言，即只有天下统一，结束诸侯纷争的局面，才能安定。但字面上却很含混，一个人？一件事？一个原则？一个战略或一个国家？……看不出来一个确定的意义，怎么理解都可以。需要魏襄王以一个公子哥儿的理解能力，当然就理解成一个人，这个人就是他自己，所以接着问："谁人可定天下？"

孟子告诉他："唯有不嗜杀者，才能统一天下。"

原来孟子指的不是他魏襄王，而是不喜欢杀人的人。这颇让他意外，一般的拍马溜须之士，定会说这个人就是他魏襄王了。他不明白，不施加压力不加杀戮，谁肯服从呢？孟子告诉他说："天下无不服从。陛下熟知禾苗的情形吗？七八月间，久旱无雨，禾若枯槁，忽然有一天，天空中乌云密布，转瞬间大雨倾盆，于是禾苗得救，又望日迎风地生长起来，这长势谁能阻挡？而今各国君主无不嗜杀成性，倘有人肯施仁政，救民出水火，则天下之民皆引颈而望救，纷纷归服，就像高山飞瀑，其势谁能阻挡？"

可是魏襄王怎么能理解得了这些呢？孟子见在魏无望，便决定离开魏国，又踏上他的推行其政治思想的漫漫旅程。

第二节　战国时期的幕僚

■ 秦王屁股下的两把"火"

公元前306年，楚国攻打韩国，包围了韩国的雍氏之地已经达五个多月，在这五个月中，韩国不断地派使者去向秦国求救，使者的车辆相望于道，可是秦国的援兵就是不肯开出崤山。韩国又派出特使尚靳去游说秦王说："对秦国而言，韩国平时是秦国的藩篱，而在战时就充当秦国的先锋。如今韩国已经疲惫不堪，秦国援兵却不肯出函谷关。臣很明白'唇亡齿寒'的道理，希望大王能仔细考虑一下！"尚靳的游说策略也是对的，指明韩国与秦国的主从关系，从而也是利害关系，但是并不能使秦国有迫切感。秦国实际上是想利用楚国把韩国逼急了再去救韩国，这样就可以加大索取韩国报酬的筹码。

这时，秦王的母亲秦宣太后发话了，她说："韩国求救的使者虽然这么多，但是只有尚靳的话才说得对。"

这老太太参政意识还很强，竟单独召见尚靳，对他说："我服侍先王时，先王把腿放在我身上，我动转虽不自如，但并不觉得疲倦，先王把他的全身都压在我的身体上时，我并不觉得沉重，这是什么道理？这是因为对我有利的缘故。然而现在我们秦国援救韩国，如果兵不众粮不多，根本就不能救助韩国。说到解救韩国的危难，每天要花费千金，难道不能对我有一点好处吗？"

显而易见，这是趁机勒索。这老太太也有意思，为了勒索报答，竟把她的床上体验也搬出来了。意思是说，要想得到好处，就要适当付出。秦国去救韩国，解除韩国的危机，这也是对韩国的好处，因而就不要吝惜土地钱财，多多地报答秦国。

尚靳听完了这番话，明白秦国的意思，但这种割地的事，毕竟不是他一个特使能做得了主的。因而赶紧写奏章回报韩王，于是韩王就再派张翠前往秦国，不巧当时张翠生病，每天只能走一里路程。当他到达秦国时，并没有去见秦王，而去拜见秦国权相甘茂。甘茂对他说："想必韩国已经危急到极点，连你这个病夫都派来了。"

张翠回答说："我来的时候还不算急，从现在起才真正开始危急。"

甘茂说："秦国是一个受天下诸侯所重视的大国，而且有贤明的君主掌理朝政，对于韩国的缓急了如指掌，现在先生怎么能说韩国还不危急呢？"

张翠说："假如韩国危急到不能支持，全国军民就会投降楚国，那我又怎能来秦国救援呢？"

甘茂打断他的话说："请先生不必多说了！"

甘茂赶紧入朝去晋见秦王说："韩相公仲所以要向我们秦国求救兵，主要就是为了抗拒楚国。现在雍氏城正被楚军围困，而秦国救兵却不肯东出函谷关，这等于放弃了韩国。到那时公仲将缩回头而不到秦国朝贡，公叔将率领全国军民归顺楚国。楚、韩结合以后，魏国就不敢不听楚国和韩国的号令，于是楚国就要用三国力量图谋秦国，从而形成一个以楚国为盟主的秦国的敌对集团，坐在这里等着敌人打仗，和主动出击攻打敌人，不知哪个比较有利？"

秦王一听也怕形成这种不利于秦国的局面，急忙发兵去救韩国。

公元前273年，魏国忌恨秦国攻打魏国时，韩国坐视不救，因此就联合赵国攻打韩国，韩国的华阳地区告急，韩国急忙派使者去秦国请求援救。求救使者的车马络绎不绝，可是秦国却来个坐山观虎斗，颇有渔翁之意，想把韩国逼急，而相救时要挟韩国多割地酬谢秦国。韩国的相国无奈，只得去请老策士田苓出马，对他说："事态如此紧急，阁下虽然生病，还是得劳驾您去跑一趟！"

田苓受命于危难之时，果然生姜还是老的辣，他并没有直接去见秦王，而是去找秦国的权相穰侯魏冉。魏冉见到了老田苓来了，来个先发制人，劈面就是一句："韩国很危急吗？为何派你这老家伙来？"

田苓却慢慢悠悠地说："韩国还不危急。"

魏冉本来准备好了听田苓心急如焚地求救，却见田苓一副不紧不慢的样子，很是生气说："既然不危急，那阁下为什么替韩王来求救兵呢？你们韩国告急的车马相望于途，可见已经相当危急，而阁下却说不危急，这是什么道理？"

田苓说："假如韩国真正危急，那就会背叛秦国了。"

魏冉一震，继而说："阁下不必觐见秦王了，我这就发兵救韩吧！"

为什么田苓的一句"假如韩国真正危急，那就会背叛秦国了"有如此的威力呢？因为三晋之中，赵国、魏国都比韩国强大，两国合兵攻打韩国，韩国的危急是不言自明的。但田苓却巧妙地把己方的这种"急"转化为秦国的"急"，暗示韩国若迟迟得不到秦国的援救，真正急了就会割地与赵、魏讲和。那么，三晋合纵联合，对秦国肯定是不利的。这一句话提醒了魏冉，他马上感到秦国的坐视不管会造就一个强大的联合阵线，因而他马上"急"起来，意识到秦国的架子不能端得太大，否则适得其反。于是急忙答应救韩。

秦国在八天之内组织好军队去救韩国，经华阳一战大败赵、魏两军，从而解除了韩国的危急。

■ 翻手为云的大将乐毅

战国后期，齐湣王好大喜功，在位期间东征西战，惹得四邻怒恨；

他又不体恤百姓，使国内百姓不得安宁。因此，表面上看齐国一度有强大之势，实际上国际国内都潜伏着很深的危机。

这种潜伏的危机，终于有了一次总爆发。周赧王三十一年，燕昭王姬平为了报复齐国曾经攻入燕国都城杀其父亲的国恨家仇，经过二十多年的准备，以乐毅为大将，联合秦、韩、魏、赵四国军队，攻入齐国，在济水大败齐军。齐湣王求和，割让淮河以北全部土地，四国得胜后各自引兵去接收割地，联军分化。只剩下燕国军队以灭亡齐国为目的，乐毅仍然率兵直攻齐国的都城临淄。齐湣王弃城逃奔到莒州，也就是今天的山东省莒县和莒南县一带，乐毅率军长驱直入，连拔七十余城，整个齐国几乎沦陷，只剩下即墨和莒州两座孤城。

这时燕国面临一个难题，燕国在战国七雄中是个素来弱小的国家，一下子攻陷了一个强大的齐国，顿时有小耗子拉大车之感，要想长期占领并不是容易的事。乐毅明智地实行了一系列安抚人心的宽松政策，使齐国的百姓安居乐业，减轻赋税，逐步把齐国的土地编入燕国为郡县。他所以迟迟不攻下即墨和莒州二城，是怕骤然触动齐国人亡国的神经，保留这两座孤城从战略眼光讲对燕国有利。因此，他对两座孤城围而不攻，允许居民出城打柴、买米，等待整个齐国境内安定之后，这两座孤城主动归附。经过几年的苦心经营，使齐国的百姓消除了反抗情绪，觉得没有了齐国的暴政，在燕人的占领下比在本国的君主统治下没什么不好，也就甘心当这自在的亡国臣民了。这样安定了人心，以达到长期占领的目的。在乐毅方面，还有一个目的是，对两座孤城内的百姓起引诱示范作用，意思是说："别苦守了，看在燕国统治下，齐人不是过得更好吗？"

燕昭王为了表彰乐毅的大功，封乐毅为昌国君。"木秀于林，风必摧之"，这时小人就坐不住了。以太子乐资和大夫骑劫为首的一些人屡屡在燕昭王面前谗言惑主，说乐毅不到六个月时间就攻下齐国七十余城，却迟迟不肯攻即墨和莒州，是想施恩于齐人，为自立为王做准备。幸亏昭王不是昏君，立刻鞭笞了太子乐资二十鞭，怒道："我们先王的大仇，除了昌国君不能报此大仇，既便是真的想作齐王，也是应该的。"并立刻派人持节至临淄，封乐毅为齐王。乐毅很感动，表示以死报答燕王，绝不肯接受齐王的封号。

齐湣王逃到莒州以后，向楚国请求救兵，楚襄王派大将淖齿领兵二十万来救齐。淖齿到达莒州见燕兵强盛，名将乐毅统帅，怕一旦战败不但无功，反而有罪，再说"不为三分利，谁起早五更"，楚派军而来自然是为利而来，就派人同乐毅联络，要杀掉齐湣王同燕国平分齐国的土地。乐毅考虑再三，认为他当时正在经略齐国的其他领土，从战略上讲，与楚军联合灭齐比自己以一敌二合适，就答应了淖齿，淖齿就把齐湣王的脚筋抽出，倒悬在房梁上，把湣王吊死。

这一下激起了齐人的亡国恨。齐国世袭的大夫王孙贾时年仅十二岁，从临淄逃奔到莒州，听说湣王被惨杀，便在莒州街道上边走边高呼报仇。有四百多人跟从他攻入淖齿住处，将淖齿剁为肉酱，关闭城门坚守。楚军失去了元帅，群龙无首，进而大乱，乐毅趁机进兵，楚军瓦解崩溃，一半逃散，一半投降燕国。乐毅真是大战略家，待机而动，不用大战就消除了一个强敌。如果当时不权衡利害拒绝淖齿的要求与楚、齐决战，结果自然会导致严重对抗的局面。现在楚国担负杀害齐湣王的罪名，仇恨就转嫁到楚人身上，这对燕国就更为有利。

乐毅的眼光是高明的，可是他忽略了一点，就是夜长梦多。燕昭公去世，燕惠王乐资即位。齐国方面也出现了变化，即墨守将病死，众人访求能够支撑局面的贤才。如此一来，田单因逃跑有方被推

▲ 乐毅

举为将后，乐毅从此便退居二线了。

■ 引敌害己，田单保家复国

在中国军事战争史上，以田单的"苦肉计"玩得最为精到，也最为惨烈。田单引诱敌方残害自己的百姓，一方面激起己方百姓的愤怒提高战斗力，从而反败为胜；另一方面，也崇高了自己的形象，捞取了政治资本，以为田氏代齐打下了基础。

田单被提拔为将时，正面临莒州方面的王孙贾等人找到了齐太子法章，立为齐襄王，齐国又有了新的君主。在这时势变化的关键时刻，田单见有机可乘，就派人到燕国去散布谣言："乐毅与燕国新君有嫌隙，正在与即墨人联合，打算称王。齐国人害怕燕国换将接替乐毅，即墨就保不住了。"

燕惠王果然派骑劫来接管军队，乐毅怕回去被杀，就逃往赵国。

骑劫开始攻城，这给田单实施下一步计划提供了条件，他派人散布说，乐毅抓到齐人不予杀害，因而震慑不住齐国人，如果将投降燕军的兵士的鼻子割掉，并把他们推到军前，即墨人见了害怕，城就守不住了。骑劫听到这种传闻，认为这倒是一妙法，使将齐国的降卒都割去了鼻子。

田单的这两步谋略走得很重要。他自知不是乐毅的对手，而乐毅在齐五年约束部队不许侵犯齐人的利益，看有冻饿的人还给衣食，对降服的人尤其给予优待。齐人已经习惯了燕兵，与燕兵对阵斗志不强，逃跑的人很多。他首先用反间计消灭了自己的对手，又诱使骑劫残害降卒。城中的兵卒见投降过去的人都被割掉了鼻子，因而坚决守城，唯恐被虏。宁可战死也不肯被俘，这样才把被乐毅软化的斗志重新鼓动起来。

田单又派人说散布，城里人家的坟墓都在城外，燕国人如果挖掘坟墓来他个挫骨扬灰，城里人必定会寒心欲死，哪里还有力量守城。骑劫认为此计大妙，叫城里人哭个昏天黑地，趁机攻城可一鼓而下。一声令下，燕军便大掘坟墓，向死人开战，当着城里人的面砍碎骸骨焚烧死人。果然即墨人在城上望见先人的尸骨被残害，全城哭声震天。

骑劫哪里料到，齐鲁之人的忠孝思想深入骨髓。平时唯恐被人说一声不孝，一言一行都按照先人和长辈的意愿去做，这时见被燕军掘了祖坟，而且暴骨扬灰，不单单人人痛哭，最重要的是人人都对燕人恨之入骨，连妇女孩子、老弱病残的人都去操刀寻矛，要和燕兵拼命，斗志猛涨何止十倍。

当然齐人做梦也想不到这又坏又损的主意是他们最敬爱的领袖人物田单出的。目的是为了鼓动人民斗志保家复国。本来作为一个政客，其公众面前的形象与其背地里干的大都是大相径庭，但在政客本人，却是必不可少的手段。

见齐人的斗志被激发起来了，田单收集所有的丁壮才凑足五千人马，靠这点力量要打败燕军是不可能的，所以便搜罗城中大牛小牛一千多头，披上画有五彩龙文的牛衣，将利刃绑在牛角上，牛尾巴上捆上用油浸泡的麻苇。又集中百姓捐献的金银命城中富豪送到骑劫营中，说："城中的百姓寒心欲死，无人敢再战，情愿开城投降，只求保全家族妻妾不被杀戮。"

骑劫大喜过望，心想这几招果然奏效，因而洋洋得意，燕军在胜利面前皆山呼万岁，想坚守五年的即墨终于在骑劫到来后轻而易举地降服了。他们谁能想到小小的即墨城，兵不满三千，却能摧毁城外的数万燕军。

在议定受降的前一夜，田单命人将城墙凿开十条穴道，把牛放出，五千壮士跟在后面，用火点着牛尾，被烧痛的牛惊怒急奔直蹿燕营。燕军从梦中惊醒，见牛群尾巴上冒火，牛角上闪光，遍体龙纹如神兽从天而降，头撞脚踩，所到之处燕军非死即伤。五千齐人在后面鼓噪冲杀，城中老幼全部出动敲击铜器锣鼓，声音震撼天地，燕军倾刻大败，骑劫在乱军中被杀。这一仗打得燕军蒙头转向，很多人在睡觉中刚睁开眼就送了命。

田单乘胜追击，沦陷的土地大片大片地收复，七十余城也复归于齐。燕军惨败，处处遭到追杀，能够活着逃回燕国的为数不多。以少胜多的获胜原因，是田单用计引诱敌方残害自己的人民，激发了普遍高涨的斗志，同仇敌忾，因而战斗力很强，势如破竹。这种引人害己的恶毒苦肉计，也仅田单所用，收效也最大。可谓前无古人，后无来者。

▲ 田单

■ 历史上一次著名的拉家常

触龙在春秋战国时期并不是一个风云人物，他之所以载之于正史，以致后来被毛泽东提起过，只是因为他跟当时的赵国的太后老妇人有一次著名的聊天，并在这扯闲篇中解决了一个政治难题。

当时的背景是这样：公元前266年，赵惠文王死后，他的儿子继位为赵孝成王。但此时赵孝成王年纪尚小，不能亲政，国家大权掌握在他母亲太后的手中。秦国趁赵国新君年幼，赵国国丧之际侵占了赵国的三座城池。赵国向齐国求援，齐国提出要求，必须用长安君作人质，才能出兵相救。长安君是赵太后的小儿子。因为齐国深知赵太后最疼爱这位小儿子，点名要他作人质，以免打败秦国后赵国不重谢齐国。

可是赵太后爱子心切，宁愿丢城失地也不肯让小儿子长安君远离自己到他乡异国作人质，大臣们纷纷劝谏，弄得赵太后心烦，明令说：谁若再来劝谏，我就向他脸上吐口水处罚羞辱他。

左师触龙，主管君臣百官教训，兼管乡政。国事当头，他自然要知难而进。于是又去找赵太后。赵太后得报听说触龙求见，料定又是来劝谏她让长安君去齐国做人质的事，就怒气冲冲地等着他，大概已在积攒唾沫以便把它吐在触龙脸上了。

谁知触龙并没有让赵太后把唾沫吐出来。他慢腾腾地挪动脚步，显得老迈无力的样子，很是艰难。他开口第一句话并不提人质之事，却说："我的脚有毛病，刚才来见您时走得很慢，请太后原谅。也正是因为得了脚病，好久没有拜见您了，近来您身体还好吗？"

话题大出赵太后意料，她勉强应答："我也老了，走路要坐车才行。"

触龙又说："每天饭量还没减少吧？"

赵太后说："硬的东西是吃不动了，只能吃些稀粥之类的东西了。"

触龙仍大谈养生之道："我近些日子也特别不想吃饭，只好强制自己多走几步路，每天走三四里，增加活动量，多少增加一点食欲，身体也舒服了些！"

赵太后这时怒气消了大半，放松了警惕说："我老太婆做不到啊！"

至此，就像两位老人在扯闲篇聊家常，不知不觉中，赵太后的怒气全消了。

触龙这时却聊起了自己的儿子，并要太后给开个后门，照顾一下他的小儿子。他说："老臣的儿子名叫舒祺，就是最小的那个，是个不成器的东西，要是我年轻时，我非好好整治他不可，可现在老了，溺爱娇宠孩子了，想让他做个宫廷侍卫来保卫王宫，这也是我这老头子的一个心愿，所以厚着脸皮来向太后开口，请您允诺！"

赵太后爽快地答应下来："多大了？"

触龙说："十五了，虽然还小，可我想在死前给他安排个事做！"

赵太后见触龙说起小儿子很是动情，是如此疼爱小儿子，为小儿子的将来打算，以为触龙是个知音，就说："男人也特别疼爱小儿子吗？"

触龙说:"比女人更厉害啊!"

赵太后觉得有趣,哪里还有怒气和戒备,不知不觉地钻进他的圈套中,靠近了正题。她笑着说:"还是女人对小儿子疼爱的更厉害些!"

触龙这时便自然地把话题引向赵太后的孩子说:"老臣认为您疼爱嫁给燕王的女儿就比疼爱长安君厉害多了。"

赵太后说:"哪里,我疼爱燕后不如疼爱长安君厉害。"

触龙说:"我看不是这样。大凡父母疼爱子女,都替他们的安身立命做深远考虑。您当初送别远嫁的女儿时,女儿上了车您还握着她的脚后跟哭泣,因为她要离开您远嫁异国。她到了燕国后,您不是不想她,可是每次祭祀时您都要祈祝她不要回国来,这难道不是为她做长远考虑,希望她生了子孙后相继做燕王吗?"

赵太后说:"是这样!"

触龙这时不再是漫无边际拉家常了,开始讲大道理:"从三世以前,直至赵国建立,赵王子孙原先被分封侯的,在现在已没有一个世袭为侯爵的了。不单是赵国如此,其他诸侯国也是如此。为什么会这样呢?难道说王侯的子孙就一定都没能耐吗?不是这样,因为他们虽然地位尊荣却没有功勋,奉禄优厚却不劳而获,执掌大权却根基不稳定的缘故。现在您给长安君很高的爵位,封给他肥沃的土地,赏给他很多金玉珠宝钟鼎等,却不给他为国家出力立功的机会。这样下去,一旦您有个三长两短,无功厚禄的长安君凭什么在赵国立住脚呢?所以我认为您为长安君的考虑不如为燕后考虑的那样深远,所以说您爱长安君不如爱燕后爱得深。"

虽然是在讲道理,触龙并未正面提出让长安君作为人质的事,但其时已不言自明,说出了不为爱子的将来打算,不给他捞取立国存身的政治资本,则现时的荣华富贵都是难以长久的。赵太后听后大悟,同意派长安君去齐国做人质。从而使齐国践约出兵协助赵国打败了秦军。

触龙说服赵太后的关键就是以己情动人志，以自己对小儿子的爱，而触动赵太后的爱子之情，使她放弃了警戒，能够听得下进一步陈述，动之以情是打破僵局的关键手段。

 **拓展阅读**

中国经济学之父计然

计然，春秋时谋士。又作计倪、计砚、计研、辛研。今河南商丘民权县人。早先是晋国流亡的贵族。传说他博学多才，天文地理无所不通。计然经常遨游山海湖泽，因此又号称渔父。他曾经在南游到越国的时候，收范蠡为徒。范蠡曾经想将他推荐给越王，但他却对范蠡说：越王为人，长颈鸟喙，可与共患难，不可与共荣乐。

《汉书·货殖列传》载："昔越王勾践困于会稽之上，乃用范蠡、计然。计然曰：'知斗则修备，时用则知物，二者形则万货之情可见矣。故旱则资舟，水则资车，物之理也。'推此类而修之，二年国富，厚赂战士，遂破强吴，刷会稽之耻。范蠡叹曰：'计然之策，十用其五而得意。'"颜师古曰："计然者，濮上人也，博学无所不通，尤善计算，尝游南越，范蠡卑身事之。"

计然经营思想的精髓就是未雨绸缪和运筹帷幄，范蠡的经营思想主要是受计然的影响。《计然书》是范蠡隐退后辑录老师计然之言论，并参以自己见解所成，全书七策八千余言，说的便是致富术。富国富人，字字精到，天下商旅呼之为"绝世富经"，名士则称之为"计然七策"。

七策简要内容：一是捐货币以悦其君臣；二是籴粟囊，以虚其积聚；三是遗美女，以惑其心志；四是遗之巧工良材，使作宫室以罄其财；五是遗之谀臣以乱其谋；六是疆其谏臣使自杀以弱其辅；七是积财练兵，以承其弊。

第三章
秦汉三国时期的幕僚

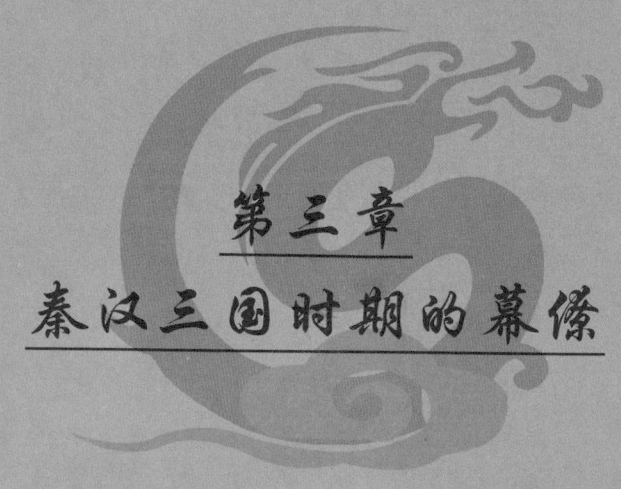

　　秦汉时期，养士辟署的风气更甚。"辟署制"是古代幕府生存和发展的第一动力，而且这种制度还一直沿袭数千年。

　　到了三国两晋南北朝时，战事不断，天下大乱，军事因而成为一切政治活动的中心，因此幕僚制度中的幕僚名称又多与军事有关，如军师、参军等。这些常设性官职的出现，标志着智囊所从事的参谋咨询活动由个体化逐渐转向群体化，并且逐渐组织化、规范化和制度化。

第一节　秦汉幕僚盛行的"辟署制"

秦汉朝时，封建主义官僚体系还没有那么完备，于是允许三公郡守自辟僚属等作为辅佐，以便更好地辅助中央和地方长官更好地完成职守。后来这些僚属中的一部分人员渐渐由分曹治事转向提供顾问、咨询，即成为幕僚。

■ 秦汉为何大兴"辟署制"

在我国古代政治中，长官有权配置自己僚属的制度称为"辟署"或"辟除"，这其实是朝廷给命官的一种用人权力。到秦汉时期，养士辟署的风气更甚。所谓"辟署"，就是指古代的一种举荐制度，古代幕僚想升迁，倘若没有主管或幕主的推荐就很难成功。由于到汉朝时，封建主义官僚体系还没有那么完备，于是允许三公郡守自辟僚属等作为辅佐，以便更好地辅助中央和地方长官更好地完成职守。后来这些僚属中的一部分人员渐渐由分曹治事转向提供顾问、咨询，即成为幕僚。

马端临在《文献通考》第十二卷中的《选举考》写道："汉朝（王国）唯丞相命于天子，其御史大夫以下皆自置；及景帝惩吴楚之乱，杀其制度，罢御史大夫以下官；至武帝，又诏：凡王侯吏职秩二千石者，不得擅补。其州郡佐吏自别驾、长史以下，皆刺史、太守自辟，历代因而不革。"用人制度一般分为两种："命官制"和"辟署制"。"命官制"，就是指由朝廷直接任命官吏的用人制度；"辟署制"，就是指由朝廷命官自主辟署僚属的用人制度。

在秦汉时期开始形成的"辟署制"起源于春秋战国时期。那一时期的各国纷纷变法,在行政制度上,废除了"世卿世禄"制。秦国自商鞅变法后,"仕进之途,唯辟田与胜敌而已"。而从"秦之法,任人而所任不善者,各以其罪罪之"这句话可以看出,秦国中央和地方官员能够自主任命下级官吏。"辟署制"的直接起源就是战国时代的这种由朝廷命官自主任命官吏的情形。

"辟署制"与"世卿世禄制"恰恰相反,这种制度与用人制度有关。秦汉时代所确立的官僚制,源于"命官制"和"辟署制",具体来说,先由朝廷任命中央和地方各级长官,再由中央和各级地方长官自主任命僚属而完成的。而由朝廷命官自己决定任命僚属的这种方式,就形成了"辟署制"的特殊内涵。

自从两汉魏晋以来,官吏们都把举荐人才当作盛事一桩,后来逐渐演变为一股流行的风气,一些有才之士纷纷来投奔,官吏再精心策划一番收录为自己所用。由此可见,古代幕府生存和发展的第一动力就是"辟署",而且这种制度还一直沿袭数千年。

早在汉朝,统帅带领军队出征,统帅可以自行选任文职僚属,设置府署用来帮助处理军中事务,称为"开府"。实际上,即使没有这些战争,和平时期的一些将领也会聘请一些有才之士在自己身边,以便集中智慧共同商讨国家大事。

《后汉书·百官志》:"汉初掾史辟,皆上言之,故有秩比命士;其所不言,则为百石属。其后皆自辟除,故通为百石云。"这与地方政府的辟署制相符合。每个政府机构或部门长官都可以自己任命自己的掾属。一些本来没有配置佐僚的机构,在用人制度上更多地沿用战国时创建的制度。

这些佐僚类的官职并不算是封建专制统治政治体制中的重要组成

部分，不过，主要视具体情况而定，比如说当时的政治背景或是统治者的贤明程度。

与此同时，在汉朝实行一种残酷的"连坐"制度，即：主官或幕主犯罪，幕僚要受牵连。比如在《册府元龟·幕府部》中记载着这样一句话："班固为大将军窦宪中护写与参议，及宪败，固先坐免官。"班固26岁时做东平王幕府，五年后汉明帝召之至兰台，任命他为兰台令史，后来又转升为郎，成为御前秘书，直至58岁才做了大将军窦宪的幕府，并随军远征匈奴，成就他"燕山勒铭"的历史佳话。班固在61岁时，因为幕主窦宪谋反受到"连坐"入狱，最终惨死狱中。

后来经查证，班固并没有参与其中，但为时已晚。再如因为西汉吴王刘濞为首发动"七王之乱"，当时连坐了不少秘书人员。由此可见，汉代幕僚的生存环境也是十分严峻残酷。

■ 大投机家吕不韦

▲ 吕不韦

吕不韦，战国末年的著名商人、政治家、思想家，卫国濮阳（今河南省安阳市滑县）人，官职最高做到秦国丞相。他可谓是历史上不折不扣的大投机家。

1. 结秦公子，奇货可居

吕不韦做生意做到赵国邯郸的时候，在那繁华得挥汗成雨、举袂成幕的大都会里，发现了一个冷门人物——那位不得宠于秦国，被派在赵国当人质的秦公子异人。那异人公子因为经济不丰，在赵国不能广交朝野，因此被人冷落一边。一个偶然的机会，吕不韦遇上了异人公子，不韦看到异人这付光景，心念一动，认定异人正是"奇货可居",就曲意地和他结交。等到混得很熟后,一天不韦对异人说:"我有办法光大公子的门庭。"异人说:"君光大自家门庭好了。"不韦说:"我的门庭要待公子而光大。"异人乃与不韦深谈,于是定下结交秦太子安国君所宠幸华阳夫人的计谋。原来安国君本是异人之父,但异人非华阳夫人所生,华阳夫人受宠而无子,为了固宠,正在傍徨无计。

2. 太子立嗣,一手促成

吕不韦凭其多金,一面赠异人公子巨金,要他修饰客居门庭,广结宾客,使他在赵国成为一个好名声的人物。一面以巨金采购奇珍宝玩,满载而长驱入秦。先找华阳夫人之姊,托她把珍奇宝玩以公子异人的名义孝敬华阳夫人,并力陈异人如何贤孝,在外深得民心,又如何思念太子与夫人,乃至日夜涕泣,华阳夫人竟然大为感动。过一些时,不韦又买通华阳夫人之姊对夫人说:"凡是以色事人的,色衰则爱弛。今太子虽然爱宠夫人,但是夫人无子,何不乘时在太子诸子中选一位贤孝的,立为嫡嗣。将来夫君百岁后,仍可因嗣子为王而依然尊贵。"华阳夫人果然被说动,乃在太子安国君前推贤异人公子,希望立他为嗣子。安国君竟然答应了,并且为夫人刻玉符立异人为嗣子,还聘吕不韦为公子师傅,又厚赐异人,从此异人在诸侯间名誉日隆。

3. 伪种成龙,封侯拜相

除此以外,吕不韦又在异人公子身上,施展了另一套手法。原来吕不韦的公馆中夜夜笙歌,他有一位绝色的舞姬被异人公子看上了,异人向吕不韦要这位美人。其实这位赵国美人早和吕不韦私通,而且怀了身孕,公子不知道,不韦本也不舍,但转念间,觉得在异人身上已经投下巨资,几乎破产。为了钓奇货,又何惜此一美人,遂献美。不久诞生一个儿子,取名政,这就是以后的秦始皇。

秦昭王五十年,秦攻邯郸,赵王要杀异人,吕不韦以巨金贿赂关吏，使异人逃走。后来异人返秦，着楚人衣往谒原籍楚国的华阳夫人，夫人大喜，更其名为子楚。过了六年昭王死，安国君被立为孝文王，子楚为太子，又一年孝文王死，太子楚接任为庄襄王，任吕不韦为丞相，封文信侯。这桩奇货果然得了大利。过了三年庄襄王死，太子政被立为王，政事都取决文信侯，并尊为相国，号称仲父。生意人出身的吕不韦，到此贵极人臣，可算一本万利。

4. 骄人必败，丑事难宣

吕不韦那时食邑十万后，宾客三千人，家僮万人。他自愧不能著书立说，乃令其宾客集体创作八览六论十二纪，都二十余万言，号称"吕氏春秋"，布告咸阳市门，有能增损一守者赏千金，吕不韦当时之骄满可知。不韦又欺新主年幼，竟继续与太后（其昔时姬人）私通，后来觉得不妥，乃推荐一个生有异禀的淫人冒充太监与太后淫乱后宫，还生下二子。到秦王年满二十一岁时，知道实情，还牵连到吕相国，乃将诛夷，逐太后于雍。后一年免吕不韦相国，吕的赛客还为他游说，秦王觉得可怕，就令吕不韦去河南就国，其赛客使者竟相望于道。秦王恐有变，下书吕不韦："君何功于秦？秦封君河南，食十万户；君何亲于秦，号称仲父，其与家属徙发蜀！"吕不韦自知不免，饮鸩酒而死。一代投机家，玩一世的投机，虽有功于秦，亦有亲于秦，但丑事不能言，因此不能保性命。

■ 备受刘邦器重的萧何

秦末，倘没有陈胜吴广起事，引起天下豪杰共同灭秦，萧何可能终老沛县，做一个县政府的主吏，管管文书、钱谷、刑名。其他如张良、韩信、曹参、陈平、王陵、周勃、樊哙、灌婴等等，不是逃亡者、狱吏、寒士、土豪，就是吹鼓手、屠狗赶车的。只因秦人失其鹿，天下共逐之，这些人才有出头之日。其佐刘兴汉最足称述者，萧何与张良。

1. 萧何老成，重视资料

刘邦率兵进入咸阳，诸将士各据官舍府邸，争夺财宝。独有萧何，进入秦丞相府中，把秦朝治国的一切图籍档案法令、地形关塞、户籍钱粮资料，统统收取。使刘邦对天下关塞要道、户口多少、贫富分布、民间疾苦情形，一目了然。以后刘邦受封汉王，以形势绌于项王，只好委屈去巴蜀汉中就国，这也是听从萧何的劝告；楚汉之争，刘邦在外作战，后方军粮运给、兵员补充也全靠萧何；韩信被识拔，推荐给刘邦，任为上将军，也是萧何。一曲"萧何月下追韩信"的戏，讲的就是这个故事。

2. 论功行赏，被列第一

萧何在刘邦论功行赏时，被列第一。诸将不服。刘邦举猎犬与猎人的比喻，认为猎犬在前搏击野兽，没有猎人在后操纵指示，极难得偿所愿；战将之功好比猎犬，萧何之功，好比猎人。

▲ 萧何

萧何，虽是刘邦微时贫苦之交，而且起义时，是举族相从，但是他非常守本分。刘邦做了皇帝，他处处察言观色，不使刘邦对他有丝毫疑虑。所以他把自己子弟送到军中随刘邦作战，把自己的资财输往前方做军粮。最妙的是故意在小事上孳孳为利，使刘邦看他胸无大志而放心。然而事奉君主，岂是容易事！萧何在长安造未央宫，造得富丽堂皇些，仍不免受到刘邦的责备。一次萧何建议开放上林空地给百姓耕种，刘邦竟怀疑他和商民勾通，收取财贿，把他下在狱中。后来虽将其释放，但刘邦犹悻悻然认为萧相国又一次因为民请命而誉满天下。萧何做丞相，唯汉唯勤，并且不尚奢侈，居宅必选穷僻处，告诉人："后世贤，师吾俭；不贤，毋为势家所夺。"刘邦好杀功臣，萧何总算得到善终。萧何可说深谙儒家勤政，黄老谦抑的门窍。

■ 以计谋闻名青史的张良

张良是刘邦打天下运筹策划的人，原是韩相国之后。韩亡欲复仇，用大力士以大铁椎击秦始皇未中，被秦搜捕，到处匿居。后来在下邳城遇圯上老人，挫其暴戾之气，培其忍耐功夫，然后又授以太公兵法。十年后，陈胜吴广起兵，七遇刘邦，两人一见如故，结为知己。其后为刘军入咸阳，与秦父老约法三章，以仁义慰秦人民，也是张良之策。刘邦受封汉王，委曲就国时，张良劝刘邦烧毁栈道，以示无北归之意，用以绝项羽的猜忌。后来刘邦起用韩信，出陈仓，袭关中，先灭三秦，张良又去书项王，故意夸张齐赵强盛对楚威胁之所在，以转移项王对刘邦蠢动之注意。韩信坐大，欲做齐假王，刘邦从张良之劝，将计就计予之，后又献计分封彭越为梁王，韩信为楚王，乃得会合彭韩之军合围项羽于垓下，促成项羽败亡。

1. 圯上老人挫其锐气

张良是韩国的世家，其先祖也是五代相韩，韩被秦灭时，张良已是二十少年郎。他一心为韩报仇。弟死不葬，散尽家财，求得大铁椎客刺秦王不成，到处逃亡，改姓改名。张良之名，非其本名，其本姓应为姬。后匿居在下邳（江苏邳县），遇到圯上老人，在桥上脱履故意坠落桥下，令其拾取，又令其穿著。又三次约其天明时相会，二次皆老人先到，第三次张良夜未半便去等候，老人始施然而来，认为孺子可教，乃授以太公兵法。那时张良已是三十出头的人，老人看他血气方刚，就故意要挫其锐气。张良从此潜心诵习兵法，成为中国史册上最被称道的谋略家。

2. 一手导演鸿门赴宴

张良之可爱处是他有仁侠之心，这是真性情的表现。读书又知灵活运用。刘邦手下另一位谋士是饱学的儒生郦食其。但郦生在楚汉抗衡时，竟搬出汤武周公的历史故事，要刘邦复立六国之后以孤立楚项。张良举不可劝阻刘邦，刘邦正用膳，听了把饭吐出口，大骂卿生："竖儒，几败我事。"

当时，张良在下邳，他为杀人犯项伯作掩护，让他免了灾祸。到了后来项伯深的中意，知道项羽听信范增的话，就准备发兵去消灭驻军霸上的沛公刘邦。项伯连夜驰见张良，约张良逃跑，以免同归于尽。张良逆来顺受，索性导演了一曲千古传为佳话的刘邦赴项羽鸿门宴的惊险剧。张良导演刘邦扮老实人，结好项伯，使其做内应。然后又抓住项羽虚荣和逞英雄的心理弱点，要刘邦硬着头皮，一味在项羽帐下卑躬屈膝。那知张良之计被项羽的军师——亚父范增识破。范增安排了项庄舞剑一幕戏，刘邦随时有被杀之虞。难得项伯出场共舞，处处回护。其间又有樊哙闯帐，项羽赐饮一大盅酒，樊站着一饮而尽。又赐半生烤猪，樊就手中盾牌，拔剑切而食之。这般英武状态，引发了项羽的惜才之心，一时高兴，竟在酒醉之中，让刘邦以就厕为辞，偷偷溜走。张良留下献璧、献斗，直把范增气得掷斗于地，负气出帐，仰天长叹："年轻人，不足与谋，明日夺项王天下的，必为沛公。"项羽当时才二十七岁，刘邦已五十一岁，张良四十五岁，范增则已是七十开外的人了。

3. 张范斗智，范占下风

项羽后来分封诸侯，自立为西楚霸王，背约把关中三秦土地分封了秦降将章邯为雍王，司马欣为塞王，董翳为翟王，而把巴蜀汉中未开发之地给了刘邦，封为汉王，以搪塞当初起兵时在楚怀王面前"谁先入关中者王之"的约定。刘邦军先入关中，不得王关中，反让秦降将分得其地，而所得者为秦时放逐罪犯的贫瘠之地，刘邦一伙人心中怨恨是可以想象的。这可能是范增献的计策，有意屈辱汉王刘邦一伙，促其涣散。那知萧何、张良之辈眼光远大，力劝汉王委屈去汉中就国。

▲ 张良

张良还献策烧绝栈道，表示永无北归之意，以杜项羽疑心。范增在项前处处描摹刘邦为一野心家，而张良偏偏导演刘邦为一个驯顺听命的诸侯，使范增无所施其计谋。张范斗智，范老儿处处占下风。

4. 刘邦能忍，张良教之

张良以后处处扶汉，刘邦得天下后，张良推辞膏腴之地，而取僻小的留城为封地，而且处处谦退韬晦。晚年学道炼丹，欲从赤松子游，得以在猜功忌能的刘氏王朝全命而终。张子房之风范最为后世称道，苏东坡《留侯论》中，认为刘邦、项羽二人之区分，在忍与不忍二者之间，刘邦能忍故得天下，项羽不能忍故失天下。笔者认为刘邦之能忍，实张良教之。至于张良之能知忍，又圯上老人之所赐。

5. 功成身退，巧计安邦

张良总在战局紧要关头为刘邦策划，而转移战局，可说是军事谋略之天才。他因生来体弱多病，状貌如妇人女子，通黄老道术，好辟谷，练轻身，所以淡薄名利。受刘邦封赏，只拣留城僻小的地方。

张良到了晚年还为刘邦做了一件千古传为美谈的事，那就是献计惠帝接交四皓（四位有德望的老隐士），而使惠帝保牢太子的地位。原来刘邦宠幸戚夫人，因而爱戚所生的赵王如意，欲废太子而立赵王。后来吕后问计于张良，张良献策令太子卑词以迎当时最负盛名，而不愿为官的四位老贤人。果然等到刘邦知道太子结交了四皓，认为太子"羽翼已成"，难以更废。张子房之对刘氏何其厚哉！

■ 现实主义者陈平

陈平是汉族人，家乡在阳武户牖乡（今河南原阳），是西汉王朝的开国功臣之一。之所以说他为人现实，主要从以下几个方面能够看出。

1. 仪表不凡，无行盗嫂

陈平是一位美男子，身长玉立。少时家贫，喜读书，依兄而活，好交游，手头常拮据，曾盗其嫂的存金，为嫂不齿。人家好奇他家贫何以吃得白白胖胖，其嫂说："还不是一样吃糠粃过日子。"稍长已到娶妻年龄，但富家不愿，贫家不耻。富人张负有孙女五嫁而夫辄死，陈平欲娶之。张负到他家，在城角的穷巷见到他，颇惊讶其丰仪。又知他常和饱学之士来往，于是决定把孙女嫁给他，还给了一笔可观的嫁妆，这正是陈平所梦寐以求的。

陈胜吴广起事后，陈平先投效魏王无咎。受谗引去，改投项羽。刚有一些功绩，又因失去殷地获罪当诛，乃仗剑逃亡。渡河时，舟人见美丈夫独行，疑为阵前逃将，欲图谋其钱财，陈平警觉，故意脱下衣服，裸身帮船夫撑篙，乃得免。

2. 刘邦用人，不究其行

陈平后因友人魏无知之荐归依刘邦，封为都尉，主管军中人事。竟接受赠赂，金多者派好差使，少者给坏差使。诸将不满，向刘邦告状，还说他盗嫂，刘邦转以责备魏无知，魏以"能"与"行"不可求备于一人为对，并认为值此楚汉争天下之时，第一要用有能者可以出奇策异谋，为利国家。倘斤斤计较其人之品行，责其盗嫂受金，则天下能者皆望望然他去了。陈平亦自辩当初裸身而来，贫无一物，不受金无以撑为官场面，日后请试献策，可采则用之，不可，则所受金具在，全部可缴公，请自行退。受贿尚有一番侃侃说词，陈平之厚黑可知，幸遇刘邦，竟然大为欣赏而留用之，改封为护军都尉。

3. 六出奇计，封侯晋爵

陈平后来在刘邦麾下，曾出奇计，立下不少功劳。其中荦荦大者若离间项羽与范增的感情，终于把范增活活气得在告归途中疽背发而死，为刘邦除一克星，此其一；刘邦在荥阳被围，突围无方，利用二千美女列阵，同时把假汉王用黄盖车推出阵前，迷惑楚军，乘一时混乱，让真汉王刘邦混出城，逃归关中，此其二；韩信在齐地用兵得意，向困顿荥阳的刘邦请封为假王，刘邦怒气一头，正待发作，陈平献策，将计就计，封韩为齐真王，以固韩心，使其继续为汉王效命，此其三；刘邦闻韩信有反侧之谣，苦难用兵加以制服，陈平出策汉帝出巡，游云梦，会诸侯，韩信不虞有变，当其出迎道左时，刘邦令武士将韩擒拿，解归洛阳，使猛虎归柙，此其四；此方匈奴为患，汉帝亲征，进军平城，在白登山被围困七天七夜，陈平随侍，又出妙计，混入胡营，向匈奴单于爱妾阏氏游说，告以汉帝决定送一位汉家美女给单于以求解围，汉女一到，单于必定爱汉家女而疏远阏氏，不如早早解汉帝之围，免得汉帝把汉女送来，从此宫闱多事。阏氏唯恐失宠，力劝单于开围，刘邦方得脱险还朝，此其五；陈豨反，陈豨军中将领多为旧时商人，刘邦亲征，陈平随军，利用银弹攻势，将若辈将领一一收买，果然纷纷归降，刘邦乃得讨平陈豨，此其六；余者不可胜数。陈平被封为曲逆侯，食邑富庶之地，而且每建一功即加封其城邑一次，终高祖之世，宠信有加。

4. 结好吕后，虚与委蛇

在刘邦临终前，吕后哭着问刘邦，有没有能辅佐政务的人才，刘邦直接说萧何，吕后说萧何年岁已大，刘邦又说萧何的后辈之人也可重用，即曹参可以继任，曹参之后还有王陵，王陵之后还有陈平与周勃。陈平在汉高祖心目中的分量可真不少。但等到高祖之子惠帝以二十四岁英年，做了不满七年皇帝便死了，吕后掌握国柄，非常擅权，想分封吕姓子侄为王，先问当时的左丞相王陵，王陵以当初高祖有遗命："非刘氏而王者，天下共击之。"认为不可，吕后不悦，又问左丞相陈平。陈平竟答可以。

王陵是高祖微时的同侪，人很憨直。他有一位刚直的母亲，王陵起义从刘邦，项羽劫持陵母，招降陵，陵母伏剑死，临死泣示使者往告陵："善事汉王，毋持二心。"王陵有这样的母亲，自然是绝对坚持原则的人。而偏偏碰到陈平，是一个绝对的现实主义者，他说现在是吕后当政，高祖定的规矩已随高祖而逝，吕侯要封王诸吕，当然听吕后的。王陵就此免相。

吕后升陈平为右丞相，而以自己的幸臣审食其为左丞相。陈平乃故意不执行相权，日唯醉酒美人，大小事让审食其独揽。吕后死后，太尉周勃以兵诛灭诸吕，政权复归刘氏。汉文帝接位，陈平让周勃任右丞相，自己退居左丞相。周勃是老粗，织竹席和丧事中吹箫出身，后来从高祖起义立功封侯，做了文帝的宰相，在朝廷上竟不能回答政事细节，乃谢免。陈平复为右丞相，陈平靠他的以退为进，又一次保其禄位。但传到曾孙因犯罪被杀，从此绝封。他自己预知："吾多阴祸，子孙终不能起。"

■ 霍光辅政，不走寻常路

1. 武帝晚年，宫闱乖舛

且说霍光辅政之产生，完全是由于汉武帝晚年处置宫闱家务乖舛造成的。武帝本有一位立了二十多年的太子名据，只因为这位太据的母亲卫后子夫（歌女出身），年华衰老，武帝另结了许多新欢，有王夫人、尹夫人、邢夫人、李夫人等等。其中李夫人最得欢心，连其兄李延年、李广利都被宠信重用。李夫人生一子称为昌邑王名，李夫人短命死去，武帝时时悼念，曾有"秋风起兮白云飞，草木黄落兮雁南

▲ 霍光像

归，兰有秀兮菊有芳，怀佳人兮不能忘……"之吟。后来武帝巡幸河间，访求到一位赵姓绝色女子，只是因病两手握拳不能开。武帝召见亲擘其手，两拳竟开，由是见幸，带回长安，封婕妤（妃子的封号），居住钩弋宫（这宫是为了纪念一种新武器钩弋的获得而建造的），称钩弋夫人。不久怀孕，十四个月生一子，称钩弋子，取名弗陵。武帝老年得子，又因为帝尧也十四个月出生，所以特别疼爱此子。那时武帝已经六十三岁，由于疼爱幼子，所以更冷落卫后，也疏远了太子。加之太子是一个拘谨柔弱型的人，不善逢迎，也不喜武事，和军人法吏们也不和。他们背地里对太子散布很多谣言，无非是太子等接位做皇帝已经不耐烦了之类。一个专权的君主，最怕人觊觎他的权位，那怕亲儿子也在所不免。

2. 钩弋夫人无端被杀

武帝在诸子中最爱钩弋夫人所生之幼子弗陵。此子长得聪颖，武帝有意传位给他，但又恐冲龄幼子接位，母后年轻，会演变成母后擅权。复恐其骄淫，使后族满朝，则叛诈危殆。武帝年过七十，心境越发不佳。一天忽发奇想，令人画了一幅周公背负成王图，时时观画叹气。近臣们臆测到武帝有立幼子之意。钩弋夫人一天在甘泉宫陪侍武帝，无缘无故，皇帝大发脾气，令左右将夫人送掖廷狱（宫内治罪之所）治罪。夫人脱簪散发，跪地求情，武帝不顾，仍令拖走，夫人泪眼回眸者再，武帝忍心说："不必看我，我难活汝。"当晚钩弋夫人死在狱中。朝臣议论:"既爱其子,何杀其母?"武帝乃以其所爱之女祸见宣,并谓所以忍心下此辣手者,为根绝后患耳。

3. 付图所孤,霍光受命

武帝在甘泉宫病榻召见奉东都尉霍光,交给他那幅"周公负成王图"。霍光观画纳闷,却不敢向皇帝奉询原由。后来武帝在五柞宫病笃,召霍光嘱后事,光垂涕叩问武帝:"陛下倘有不测,谁承大统?"武帝说:"你不明朕赐画之意么?立少子弗陵,盼卿行周公之事。"光顿首谦辞,不许,武帝遂升霍光为大司马大将军,令会同车骑将军金日磾,左将军上官桀,御史大夫桑弘羊,共同受诏辅幼主。当时立弗陵为皇太子。不数日武帝驾崩,享年七十一岁,在位五十四年,是前后汉两代在位最长,享寿最高,最多作为,最能扬威域外,也是最会花钱,对妻子骨肉最残忍的一位专制皇帝。太子弗陵接位为昭帝,当时才八岁。

霍光辅政这个局面的产生,完全由于汉武帝在生前处置自己传位这件事上,出了大的舛误造成的,否则不会有这曲戏上演,霍光在中国历史上,最多也不过是一有名的大臣而已。

4. 霍光出身,去病之弟

霍光是有汉一代为国家建立赫赫武功的骠骑将军霍去病的同父异母弟。霍去病的父亲霍仲孺,以县令身份在武帝之姊信阳公主家当差服役时,和公主家的女侍卫媪的次女卫少儿私通而生去病。少儿三妹子夫当卫后后,卫家一门贵幸,少儿也另嫁了陈掌。霍仲孺回故乡平阳另娶妇生一子,就是霍光,字子孟。霍去病出击匈奴,扬威域外。一次道出河东,访平阳县,见幼弟年方十五、六岁,长得聪明,就把他带到长安,送进宫中当郎官,后来升侍中。去病死后,霍光官做到奉东都尉光禄大夫。他为人沉静精密,中等身材,面貌白皙,发眉清秀。二十余年出入宫禁,随侍武帝,规行矩步,从来没有差错,确是本性端正。到他辅政时,正是四十岁的盛年。

5. 政由霍出，外孙为后

当时和霍光一起受武帝遗诏的，有车骑将军金日磾，也是一位非常仁厚的君子。他原是归降的匈奴休屠王之子，先在宫中养马，武帝爱他容貌雄伟，马又养得好，拜他为马监，后来封附马都尉光禄大夫。另一人是左将军上官桀，他原是一个武夫，甘肃人，力大，曾为武帝在大风雨中掌车盖，驰车不堕，因此受重用。还有一位御史大夫桑弘羊，原是洛阳商人，精于计算，以能理财见知于武帝。他建议在中央设平准官，在郡国设均输官，收买各地货物，贱时买进，贵时卖出，一来调节全国物价，二来为国家争取到财用。又主张监铁专卖，替国库开辟很大的财源。这四位顾命大臣中，金日磾自知降臣身份，非常谨慎，凡事唯大司马霍光作主。上官桀是霍光的亲家，其子上官安娶霍光之长女为妻，有女年龄和新主昭帝相若。昭帝接位时才八岁，上官安千方百计将女献入宫，二年立为皇后，才六岁。皇后是霍光的外孙女，上官桀的孙女，所以上官桀慢慢对霍光不太逊让。至于桑弘羊自恃替朝廷理财有功，常为子弟请封赏求官职未遂，对霍光怀怨。

6. 反霍集团，内外联结

昭帝冲龄接位。当他幼时，武帝长女盖长公主守寡，武帝命其入宫做昭帝的养护人。这位盖长公主和汉皇室前代的公主们一般，对男女关系很随便，有男宠丁外人。上官安献女成为皇后，走的便是丁外人的门路，说通盖长公主，容许上官安之女先入宫为婕妤，后来立为皇后。上官安为酬谢丁外人，时时在岳丈霍光面前为丁外人请封赏。霍光对这位女婿，没有好感，知道他在外骄矜，在家淫乱，而且丁外人乃盖长公主男宠，更所不齿，故坚决不许。上官桀为丁请为光禄大夫，亦不许。于是上官父子，盖长公主皆恨霍光。兼以桑弘羊也怀怨，于是与朝中不甘居霍光下者相聚，在外又与王兄燕王旦通消息，结成一个内外相联的反霍光大集团，准备轰走霍光。

7. 平定反侧，政通人和

燕王只是武帝中子，戾太子死后，他以为可以继承为太子，那知武帝没有给他，后来竟立了幼弟弗陵，一直心怀不平，乃散布谣言，不承认有这个小皇弟。后来和上官桀父子通谋，冒称外地上书告霍光犯不敬天子罪；又告他对苏武归来，封赏不当，而对自己党羽又无功予重赏。昭帝时已十四岁，渐能理政事，接书立即判断其诈，下书捕上书使者，使者果畏罪逃走。上官父子知计不成，乃计划谋杀霍光。消息外泄，上官父子、桑弘羊、丁外人均族诛，盖长公主自杀，燕王旦受圣书谴责，惶惶自杀，一场反霍阴谋总算消灭，从此集权力于霍氏一人。不过霍光为政，从事休养生息，罢铁榷酤（榷酤是酒的专卖制），蠲免税赋，拔擢郡国人才，不事营造宫室，不尚巡幸，与民生息，一时政通人和，家给人足。

8. 废斥昌邑，迎立宣帝

昭帝以二十一岁短命死了，在位十三年，那上官皇后不满十六岁。昭帝生前，由于霍光严禁其他女子入寝宫，还令她们一律穿满裆裤，多束带，使不易与皇帝接触，而让皇后专宠椒房。但是皇后太年轻，终未生育，宫中亦无庶子，霍光只好立昌邑王刘髆（已早亡）之子，十八岁的刘贺为嗣帝，十六岁的皇后却被尊为皇太后。这嗣帝是狂妄之人，接位后在宫中大肆淫乐，和皇太后同驾小马车，游戏掖廷，又乱赐官爵给昌邑旧臣。那些人不听霍光节制。于是霍光和大臣田延年、张世安、丞相相杨敞（司马迁的女婿）密谋，废立嗣帝，诛戮昌邑旧臣二百余人，从民间觅来戾太子的孙子，那位名叫病己的皇曾孙来继统。他是武帝时巫蛊之狱的漏网之鱼，是武帝嫡系的血亲，是宣帝，时年十八岁。

霍光归政宣帝，宣帝谦让不受，政事均先关白大将军霍光。因此霍光又继续辅政六年多才病死。伊尹训政才三年，周公辅政才五年，而霍光先后辅政垂二十年。长年的掌权,不免广植亲贵势力,昆弟子侄女婿皆居要津。尤其不能管束后妻显,闯下日后霍氏灭门之祸。霍老倘有先知,不至于此。

■ 马援择主得重用

中国有句古训,叫做"忠臣不事二主,好女不嫁二夫",这句话听起来好像是很难辩驳的,然而,忠臣还要懂得弃主,如果事庸君,忠臣抱负难以施展,忠臣如果事明主,其抱负就能得到实现,就能成千年功臣。

马援,字文渊,东汉初扶风郡人。马援在很小的时候,他的父亲就不在了,由其兄长抚养长大。他胸怀大志,兄长马况也对他另眼相看,常常说马援是大器晚成。马况因病去世后,马援为其兄长守孝一年,他对待自己的嫂嫂非常尊敬,衣衫不整的情况下,绝不会和嫂嫂在屋里相见,总有一种正人君子的风范。这在那个虚夸的封建时代,正是求得出山入仕的必备条件。

▲ 马援像

当马援担任扶风郡的督邮一职时,有机会看到王莽时期社会的黑暗、腐朽,看到这些以前不知道的黑暗,他决定改变自己的政治抱负。有一次,他奉命押解犯人到司命府,路上因受不住罪犯的哀求,动了恻隐之心私放罪囚,他自己为了躲避追捕而险些丧命于北地郡。到了后来,王莽大赦天下,马援一直留在当地,从事畜牧,当时有很多宾客来归附他。马援常对宾客们说："大丈夫处世应当有雄心壮志，穷当益坚，老当益壮。"几年后，马援因放牧而富裕起来，他拥有牛马羊数千头，谷数万斛。但是他却叹息道："人生积蓄财产，须要赈济亲朋好友，否则就不过是守财奴而已！"说罢，他便把自己的家产分给兄弟故旧，自己只是穿了身羊裘皮裤，周游于陇、汉两地。

王莽末年，四方兵起。正好碰上割据陇西的隗嚣收揽人才，马援仰慕其名声，便寄身隗嚣，被授任为绥德将军，参与决策，很受重用。当时，公孙述称帝于蜀郡；刘秀在鄗（今河北高邑）南即位，改元建武，是为东汉光武帝。在这种形势下，隗嚣满怀疑虑，联结汉军还是联结蜀军一时不能决定，便派遣与公孙述素来相识的马援先去蜀郡，观察虚实。马援来到蜀郡，以为与公孙述会一见如故，欢语平生。谁知公孙述却设置了豪华的仪仗队，见马援到来，先彼此作揖后，便送马援到客馆居住，一面又给马援制作了华丽的衣冠，授马援为封侯大将军。随行宾客多乐于留在蜀地，偏安一隅。马援见公孙述专重虚荣，不务实际，料他难以久立，于是说道："天下久乱，雌雄未定，正是用人之际。公孙述不吐哺走迎国士。共图成败，反而修饰边幅，如木偶一样，这样怎么能久留天下义士呢？"因而辞别公孙述，回去后，马援便对隗嚣说："子阳（公孙述字）不过是井底之蛙罢了，妄自尊大，不知远谋，不如专意东方才是！"

建武四年冬天，隗嚣再叫马援奉书去洛阳城察看光武帝行径。到达京都洛阳，刘秀素装简从，立即在宣德殿接见马援，笑着说："卿遨游于二帝之间，今天见卿，真是令人惭愧啊！"马援忙顿首称谢说："当今时代，非独君择臣，臣亦择君啊！臣与公孙述本为同县，从小友善相处，上次臣去蜀中，相见时，公孙述所备礼仪极盛。今臣远来到宫，陛下难道不怀疑我是刺客奸人，礼仪为何如此简易呢？"刘秀笑道："卿非刺客，只是一个说客啊！"马援答道："天下反复，盗窃声名的人不可胜数。今日见到陛下如此恢弘大度，如同见到高祖（指西汉开国皇帝刘邦），才知帝王自有真伪。"刘秀仔细观察马援谈吐举止，很是欣赏，便挽留马援住在洛阳京都，盛情款待，还常常一起出游。过了几个月，刘秀才派大中大夫来歙，持符节送马援西归陇右。

马援回来后，隗嚣甚是欣慰，常与马援同起同睡，随时谈论东方情况，询问京师得失。马援因此进言道："前次到洛阳，引见了十多次，每次与光武帝谈话都是从早到晚。光武帝确实雄才大略，与众不同，而且心怀坦诚，毫无隐蔽，豁达大度，与高帝智识相同。光武帝还博览经学，文辩无比真是古今罕见！"隗嚣反复说："光武帝到底比高帝如何？"马援说："略有不如，高帝无可无不可；今汉光武帝颇好政治事务，动必如法，又不喜欢饮酒。"说到此，隗嚣不满意地说："依卿所言，比高帝还胜一筹！怎么说是不如高帝呢？"然而，隗嚣还是相信马援的话，派长子隗恂到洛阳去当人质。马援借此机会，也偕家眷一起到了洛阳，图谋臣事更有作为的君主。

马援初到洛阳，呆了数月之久，仍然没有担任什么重要职位，因为是初来乍到，大家还都不信任他。他自己思索着，三辅（辖境相当于今陕西中部地区）地区土地广阔而肥沃，于是请求屯田上林苑。刘秀听从了。这就是等待时机，慢慢进取。

隗嚣对马援的背叛感到非常忿恨，隗嚣决意铤而走险，公开反汉。马援毛遂自荐，请求帮助刘秀击败隗嚣。后来隗嚣兵败，于穷促之余，一病而死。建武十一年夏，马援被拜为陇西郡太守，先后讨平陇西羌人、皖城李广。建武十八年，刘秀写玺书拜马援为伏波将军。刘秀常说："伏波将军谈论用兵之道，与我不谋而合。"每有谋略，刘秀都重用马援。马援对东汉王朝可谓鞠躬尽瘁、忠贞不二，兼之其智虑深远、老成持重，因此，他一生总被委之以重任，特别是常常参与指挥危难战事。建武二十四年，六十二岁的矍铄老翁马援再次出征，在阵中病亡。

刘秀听信了虎贲中郎将梁松的谗言,追夺马援的新息侯印绶。马援的棺柩运回来,妻子也不敢报丧。经前云阳县令朱勃上书讼冤,刘秀才允许马援归葬旧墓。

到了永平初年,马援的女儿被汉明帝立为皇后。汉明帝画中兴名臣像于云台。东平王刘苍观看了中兴名臣的画像后,对汉明帝说:"为什么不画伏波将军像呢?"明帝笑而不答。待到永平十七年,马援的夫人去世,才为马援夫妇起造祠堂。汉章帝建初三年,遣使持节追策马援,谥为"忠武侯"。

拓展阅读

车丞相因"庸"得福

"不偏不倚是为中庸",幕僚生存之道不仅是明哲保身的护身术,还是留得有用之身发挥才能的为官之路。西汉著名的"车丞相"田千秋就深悟中庸玄机,上下变通,左右逢源,一路顺风,最终因"庸"得福。

历史上著名的"盐田会议"发生在西汉始元六年(前81年),当时西汉丞相田千秋受汉昭帝委命与御史大夫桑弘羊一起聚集当时的民间贤良,讨论民间疾苦。在这次会议上,来自社会下层的贤良之士与代表中央政府的桑弘羊及其助手们就汉王朝内外政策进行了激烈辩论。但作为政府首脑及会议主持人的田千秋,俨然一个袖手旁观的局外人,全然不为双方的激烈争论所动,除了一两句无关痛痒的简短发问外,竟然再也没说什么话。到了汉宣帝时,大臣桓宽将此会议的文件加以整理,写成《盐铁论》一书。他对田千秋的表现十分不满,在书中公开批评田千秋:这个人坐着像周公旦、吕公望那样的位置,却在会议上像尊石佛一样,不发一言。最后走的时候,还显得那样从容不迫,简直白吃了国家"公粮"。桓宽的评论很形象地勾画出了一个明哲保身、圆滑世故的官吏的形象。

在霍光的授意下,盐铁会议得以顺利召开,那些来自郡国的贤德之人从而得到了霍光的赏识。田千秋明白这就是一场殊死搏斗的政治斗争,虽然很勉强地出席主持了会议,但他却保持沉默态度,不明确表态,是不想得罪其中任何一方。田千秋以圆滑龟缩的庸人哲学来处理政事,也正是拥有这样的处世智慧,他才没有卷入当时的政治斗争,反而成为争斗双方共同接受、争相拉拢的人物。霍光也是看到田千秋甘于庸碌,对自己不会造成什么威胁,便"以此重之。每有吉祥嘉应,数褒赏丞相"。

那时的田千秋由于上了年纪,行动不便,霍光于是请昭帝下令,特许田千秋可以坐车入宫殿,因此得了个"车丞相"雅号。上官桀等人被诛灭后,危及到田千秋的地位,但就是因为他处事圆滑,没有受到刁难,体面地老死于丞相之任,真是"因庸得福"。

第二节 三国——幕僚才华尽展的大舞台

三国为期不长,但其态势纷繁复杂,人才杰出。曹操、刘备、孙权之所以能削平群雄三分天下,当然有赖于他们的自身素质,其中,收揽人才,善用谋士,可以说发挥了关键性作用。如曹魏集团的荀彧、郭嘉、贾诩、刘晔和司马懿,刘蜀集团的诸葛亮、庞统、法正,孙吴集团的周瑜、鲁肃、吕蒙、陆逊等。

■ 曹魏集团的谋士

以前《三国演义》中讲刘备三顾茅庐,实际上远在刘备以前曹操为了求贤还曾对郭嘉等名士"四顾草堂"。可以说,唯才是用、礼贤下士是曹操领导风格的一大特色。他曾作诗道:"山不厌高,海不厌深,周公吐哺,天下归心。"他曾先后颁布"孟德三令"——《求贤令》《敕有司取士毋废偏短令》和《举贤勿拘品行令》,推出"唯才是举"的主张,表现出他求贤若渴的态度。

▲ 曹操

曹操真是一个求贤若渴的枭雄。在长期的征战中，他每攻克一座城池，占领一个地方后，便迫不及待地访贤求才。据史料记载：占领兖州后，曹操就立刻通过各种渠道搜罗当地人才，得到大批能人贤士，如荀彧、荀攸、程昱、郭嘉等谋士和于禁、典韦等猛将，加上在陈留举义时的大批骨干，为以后争雄天下"囤积"了大量人才。

1. 荀彧

荀彧出生在世家大族，他年纪轻轻就已经远近闻名。荀彧先投靠了袁绍，觉得袁绍成不了大事，随即投奔曹操，曹操得到荀彧非常欣喜，称他为"吾之子房"。荀彧是曹操非常器重的谋士，他的地位、作用无人能及。曹操在外远征，荀彧坐镇后方，协助曹操治理朝政，管理军粮人事调度，相当于代理曹操行使权力，为他出谋划策。可以说，荀彧对曹操以后建立的功绩起到非常大的作用。

2. 荀攸

荀攸是曹操最重要的谋士之一。经荀彧推荐后，曹操立刻招来了荀攸，并对荀彧、钟繇说："公达，非常人也，吾得与之计事，天下当何忧哉！"荀攸开始任太守，后升任尚书，以后曹操任他为军师，在左右出谋划策。"攸深密有智防，自从太祖征伐，常谋谟帷幄，时人及子弟莫知其所言。太祖每称曰：'公达外愚内智，外怯内勇，外弱内强，不伐善，无施劳，智可及，愚不可及，虽颜子、宁武不能过也。'"

荀攸在曹操的军中号称"谋主"，献奇谋妙策12条，对曹操统一北方作出了很大贡献。荀攸并不反对曹操做魏王，而是尽心尽力地帮助曹操，是曹操的头号谋臣，官职是尚书令。荀攸死后，每当有人提到荀攸，曹操就忍不住痛哭流涕，可见荀攸在曹操心中十分重要。

3. 郭嘉

郭嘉生于170年，死于207年，字奉孝，最初投于袁绍，见袁绍不重用而离去，遂经荀彧投入曹操麾下。郭嘉多谋善断，随军11年，为曹操打败袁绍、袁谭、袁尚，出了许多奇计，远在沙场之外却能立下汗马功劳。可以说，曹操的整个中原中，有2/3是郭嘉策划攻占的。比较著名的就是"郭嘉遗计定辽东"的典故。随军征讨乌桓时，因病死于大漠，年方三十八岁。在赤壁大战失败后，曹操在叹息，如果有郭嘉在不至于打败仗。郭嘉是曹操"四顾草庐"求来的，是他十分信赖的奇才。

4. 贾诩

贾诩原是董卓部下。董卓一死，贾诩于是建议李傕、郭汜等人袭击长安，目的是造成长安大乱。在二人争斗的时候，贾诩在其中周旋，想保全献帝，后来因为和李傕发生矛盾就逃走了。贾诩后来投奔到张绣帐下，劝张绣投降曹操，随后成了曹操的重要谋士，受到曹操的器重，在战官渡、平马超以及立嗣等问题上提出很多不错的建议。曹丕即位后，贾诩官职升迁，做到太尉，几年后因病去世。贾诩是一个极有智慧的人，很擅长自保，是当时公认的智谋之士。

5. 王粲

另外值得一提的则是历史上著名的"建安七子"之一王粲。王粲被称为"七子之冠冕"，字仲宣，山阳高平人，是我国东汉末年著名的文学家和幕府名士。王粲十七岁时为躲避战乱，前往荆州投奔刘表，进入刘表幕府工作，开始了幕府生涯。自此以后，再没有离开幕府工作，可以说是终身从幕。

在荆州十余年，王粲始终只是依附于刘表的一个普通幕僚，有一个安身之处，却无法充分施展自己的才能。刘表死后，王粲劝刘表次子刘琮令归降于曹操，也使自己得到重用。

曹操征召王粲为丞相掾。建安十八年，曹操被汉献帝封为魏公，并加封九锡。魏国建立后，王粲官拜侍中，在"建安七子"中政治成就最高。《三国志·魏书·王粲传》说：王粲"博物多识，问无不对。时旧仪废弛，兴造制度，粲恒典之。"

6. 司马懿

最初，司马懿也是曹操帐下谋士之一。曹操看出司马懿有野心，就只让他做了一个文职。曹丕时，司马懿得到重用，协助曹丕代汉，出谋五路讨伐蜀国，一时军功显赫。曹丕在病逝前封司马懿为顾命大臣。到了曹睿继位后，司马懿就主动请命去魏国西部防御敌人，后遭到蜀国马谡的反间计，一段时间内遭受冷落，但是后来遇到诸葛亮北伐，魏国不得已再次起用司马懿。

司马懿不但精通兵法，还擅长武艺。他也算老谋深算之人，和诸葛亮斗智斗法六次，但多次败给诸葛亮，于是司马懿就采取闭门不战的策略来防守，一直到诸葛亮病逝。到了曹芳继位后，司马懿、曹爽二人共同辅政。司马懿因受曹爽排挤，于是发动政变诛杀曹氏一族，从此独掌魏国大权。司马懿病逝后，由其儿子接任魏国政权，多年之后又晋朝代魏。司马懿被其后代追封为晋朝开国皇帝。

■ 蜀汉集团的谋士

▲ 刘备

相比较曹操，刘备的谋士要相对少一些，虽然得到了"卧龙、凤雏"，却最终也未建立起能满足其事业发展需求的智囊团。诸葛亮的个人聪明才智无与伦比，但似乎也不愿为刘皇叔引进和培育更多的优秀人才。仅以诸葛孔明首次用兵博望坡为例，诸葛亮以"恐关、张二人不肯听吾号令"为由向刘备"乞假剑印"而掌握军政大权，之后的战术分工更是语焉不详，其安排完全漠视民主决策及对将帅的锻炼，取而代之是诸葛亮个人专断。这种习惯导致了后来蜀汉政权内部对诸亮葛个人的绝对依赖，广大谋士及将士缺乏谋略的锻炼，也未能为蜀汉政权造就和培养后续人才。

1. 诸葛亮

诸葛亮在治国、治军等方面发挥了非凡的才能。作"八阵图"，造"连弩"，以及能在山地运输粮草的"木牛流马"。建安十二年最后一次北伐时采取分兵屯田之策，与司马懿大军相持百余日，但不幸因积劳成疾而逝世,病死于五丈原（今陕西省岐山县东南）军中，葬于定军山（今陕西省汉中勉县定军山）。谥曰忠武侯。

2. 庞统

庞统，一代谋士，名声显赫，在赤壁之战时为了躲避祸乱躲于江东，后经鲁肃推荐，做了周瑜谋士，入曹营献"连环计"，使得周瑜的火攻得以成功。周瑜去世后，诸葛亮趁机拉拢庞统，与此同时，鲁肃也将其推荐给孙权，但是庞统相貌丑陋，态度傲慢，没有被重用。于是庞统去荆州投靠刘备，开始担任某县令小官，不管政事，直到刘备让张飞去责罚他的时候，这才发现了庞统的才华，于是任命庞统为副军师中郎将，与诸葛亮共事，教导训练军中将士。后来庞统随刘备攻取蜀地，设计除去杨怀、高沛，得到涪水关，但在建安十九年攻雒城的时候，疑心诸葛亮想和他争夺功劳，不听别人劝阻，一意孤行，冒进落凤坡，最终中埋伏被乱箭射死。刘备也为之惋惜流涕。

3. 法正

法正，字孝直，建安初年与好友孟达一起入蜀依附刘璋，但觉得刘璋不能成大事，便暗自投靠刘备。后庞统中箭身亡，法正被刘备任命为谋士，献出许多有用之策。219年初，法正选准时机劝刘备进攻，大破夏侯渊，取得了汉中之战的主动权。曹操亲征，听闻此计也感慨不已。

三国时期，刘备自称"汉中王"，封法正为尚书令、护军将军。法正未等到刘备称帝就去世了，终年45岁。刘备为法正之死深感痛心，追谥法正为翼侯。刘备十分信任法正，而法正是刘备时期唯一一位有谥号的大臣，由此可见，法正的地位极为尊崇，甚至比关羽、张飞、庞统等人的地位还高。法正善于奇谋，陈寿称赞他的智谋能与魏国的程昱和郭嘉相媲美。

4. 蜀汉"四相"

蜀汉时期，诸葛亮去世，蒋琬、费祎代替诸葛亮先后执政，陈寿评价二人政绩："蒋琬方整有成重，费祎宽济而博爱，咸承诸葛之成规，因循而不革，是以边境无虞，邦家和一。"在当时三国鼎立时期，三国之中数蜀汉势力最为弱小，虽然蒋琬、费祎二人没有什么显赫战功，但是能够安稳地保住蜀中基业，也算是诸葛亮慧眼识人。除了诸葛亮、蒋琬、费祎以外，蜀汉的柱石大臣还有董允。

常璩《华阳国志》卷七《刘后主志》把以上诸葛亮等四人号为"四相"，也称"四英"。三人都是诸葛亮精心挑选与培植的辅政大臣，诸葛亮死后，宫府之事由三人共同管理。但由于后主愚暗，黄皓窃权，政治腐败。姜维北伐，劳而无功。263年，魏灭蜀之战开始，年冬灭蜀汉。

■ 孙吴集团的谋士

▲ 孙权

三国时期的东吴国，自从开创江东以来，出现了许多传世名将，例如周瑜、鲁肃、吕蒙和陆氏父子。而周瑜的赤壁之战、吕蒙的江陵之战、陆逊的夷陵之战、陆抗的西陵之战及鲁肃的畴谋，真可谓奇谋良策。而且难能可贵的是，这些人全都文武兼备，风流儒雅，绝非一般鲁莽武夫可比。由此可知，孙权的善用人才，才使他很好地实现自己的目标。

1. 周瑜

周瑜，字公瑾，风流儒雅的君子，善于用兵。若是说统帅能力，没有哪一个谋士能够与其相媲美。周瑜统领的水军也是无人能敌。孙策遇刺后，临终嘱咐孙权："外事不决，可问周瑜。"

赤壁大战期间，周瑜以一人之抗拒曹操，在群英会戏耍蒋干、用反间计打黄盖，从而带领全军在乌林迎击曹军取得胜利。赤壁大战之后，孙权采纳周瑜的计策，出兵攻打蜀地，消灭张鲁，进而打败曹操。周瑜在江陵做着进攻前的军事准备，进攻南郡，和曹仁对战，致使曹仁中箭负伤，和诸葛亮比计谋，使用假途灭虢等计策，最终死于巴陵，时年36岁。死前上书举荐鲁肃代其位。孙权为其素服吊丧。

周瑜性情开朗，气度宽宏，深得维恩显着。精通乐律，即使在醉酒时也能听出音律的错误。吴国谋士团的形成，也是周瑜的功劳——早在辅佐孙策时，即向孙策推举江东二张，使得孙策亲自登门请出二人；等到孙权当政，又拉来鲁肃，还有随后被人推荐的顾雍、鲁肃推荐的诸葛瑾，各荐贤才，迅速形成了东吴的智囊团。

2. 鲁肃

鲁肃，字子敬，是东吴著名政治家、外交家和军事家。他不但治军有方，闻名遐迩，而且虑深思远，见解超人。

鲁肃原是袁术手下的一个小东城长，孙权继位掌权后，由周瑜引荐给孙权做参谋，鲁肃很早就为孙权的大业谋划好一切。在赤壁之战前，联合刘备劝说孙权抗曹，鲁肃在其中起了极为重要的作用，并且之后协助周瑜获得赤壁之战的胜利。赤壁之战后，鲁肃从大局着想，为了巩固孙刘的联盟关系，劝说孙权将荆州借给刘备。周瑜去世后，鲁肃接替了他水军都督的位子，负责处理荆州事务，几年后因病去世。

3. 吕蒙

吕蒙，字子明，年少时入孙策部将邓当的队伍，邓当死后，吕蒙代领其军。孙权时，吕蒙屡建战功，升至横野中郎将。鲁肃病逝后，由吕蒙接替他的职位。吕蒙夺得荆州后还没来得及受封赏也病逝了。

史学家陈寿在《三国志·吴书·吕蒙传》中，对吕蒙有以下评价："吕蒙勇而有谋，断识军计，谲郝普，擒关羽，最其妙者。初虽轻果妄杀，终于克己，有国士之量，岂徒武将而已乎！孙权之论，优劣允当，故载录焉。"

4.陆逊

东吴时的一代将领陆逊在当时有着极高的声望。陆逊身长八尺、长相俊朗，妻子为孙策之女。孙策死后，孙权为将军，又继续带领众人，"招延俊秀，聘求名士"（《三国志·吴书·吴主传》）。陆逊21岁的时候，就进入孙权幕府，做了孙权统治集团的幕僚。他是一个智勇双全的幕僚，能文能武，治国安邦，而且品德高尚，世间少有。孙权赞美他是商汤时期的伊尹和西周时期的姜尚。

陆逊足智多谋善于用兵，有着不可多得的军事才能。在讨伐山越暴乱时，可见他的足智多谋。他巧妙运用心理战，建立多个番号，连夜进入山谷，命人到处鸣号角之声，让人听来仿佛有千军万马，让叛军从心底开始惧怕。然后一鼓作气猛烈进攻，于是用很少的兵力就平息了万人暴乱。

陆逊虽为武官，但是却懂得怎样治国安民。在任海昌屯田都尉时，当地因土地贫瘠，农作物很难有高产量。于是，他就从实际出发，一方面开仓赈济贫民，一方面"劝课农桑，鼓励生产""百姓蒙赖"，大家都称他为"神君"。他还向孙权进谏，对国家的严法苛刑提出批评，指出："峻法严刑，非常王之隆业，有罚无恕，非怀远之弘规。"他对孙权提出建议，君王要像西汉刘邦那样轻刑便民，治理国家用黄老之法，尽可能少或者不要大动干戈，养本保民才是根本，只有与民休息、轻徭薄赋才能富国强兵，完成统一天下的大业。这些主张都说明陆逊并不仅仅是"一介武夫",而是一个文武兼备的政治家、军事家。

《三国志·吴书·陆逊传》对陆逊有很高的赞誉:"刘备天下称雄,一世所惮,陆逊春秋方壮,威名未著,摧而克之,罔不如志。予既奇逊之谋略,又叹权之识才,所以济大事也。及逊忠诚恳至,忧国亡身,庶几社稷之臣矣。"

■ 有勇无谋的吕布

吕布这个人还不如王允,是个当主子当不了、当臣子又不甘心的人物,当主子驭人无术,当臣子也不会耍手腕,最后身死白门楼作一个历史悲剧人物,倒也为后世的说书人有了吃饭的话头。

在东汉末年的军阀中,吕布是最早发达的。他最先被封为温侯,又是奋威将军,受到极高的待遇。但他受王允的唆使杀死了董卓,然后在汉朝廷为官,和王允共同把持朝政,如果他有政治才能和驭人本领,就可以趁此有一番大作为,至少"挟天子以令诸侯",要比后来的曹操更有便利条件。但是他没有,白白浪费这成就万世基业的大好机会。

吕布杀死董卓后,原董卓的部将李傕本来要来投降,但是他比王允更蠢,作为手握兵权的大将军,他也对凉州人来落水打狗一手,弄得凉州人对其怨恨很深,其实他大可以反王允之道而行之,人弃我取,收卖李傕等人,把数十万军队掌握在自己手里。但他失去了这个机遇,李傕等攻陷长安后,吕布开始了流寇般的生涯,先后投靠袁术、袁绍、张邈等军阀,都有始无终。

汉献帝建安三年,曹操平定天下,接着就要消灭吕

▲ 吕布

布,向吕布所在的下邳进攻。曹操看出吕布有勇无谋,特别是当大兵压境不善驭将,导致将士离心。曹操写信劝吕布投降,幕僚陈宫则要吕布抵抗,并出主意说:"曹操奔波劳碌来攻打,运输军粮困难,肯定打不起持久战。如果将军您能带领将士驻扎在城外断了曹军的粮道,我率领剩下的将士奋力守住城池,主动权就会在我们的手中了。曹操如果进攻您,我就在后方出击;曹操若是攻打城池,将军您从城外救援,这样与曹操周旋,保证不到一个月,曹操就会因为断粮,到时趁势反攻,大破曹军指日可待。"

应该说,陈宫的这个主意是很有道理而且可行的,起初吕布也同意这样做,想让部下忠勇之将张顺和陈宫守城,自己带兵去断曹军粮道。

但是,吕布的耳根子发软的毛病又犯了。吕布的妻子听说此事后,花言巧语一番,便使陈宫之计落空。她说:"陈宫、张顺素来不和,将军出城后,陈宫、张顺肯定不会同心合力守城。如果出了闪失,将军失去城池,便没有了立足之地。而且曹操当年以赤诚待陈宫,陈宫尚且背离操曹投靠我们,能保陈宫不变心吗?您若将城池、妻子都交给他,他一旦变心,我自身不知落入谁手,还能是您的妻子吗?"小女子以妇人之心度仁人之心,偏偏枕边风把个吕布吹得昏昏乎乎,竟听了妇人之言,决定不再出驻城外,而是坐守城池和妻子,军事上完全陷入被动。

事有凑巧,这时能援救吕布的河内太守张杨被部下杀死;袁术虽表示支援吕布,但无法采取行动,只是整军作声援而未出兵。

吕布孤军对付曹操,曹操引泗水、沂水淹下邳。吕布情势更加危急。正在这时,吕布用人不坚,又乱施刑罚,终于导致内乱发生。

吕布手下的张顺,是一个忠勇将领。部下有七百精兵,盔甲兵器精良严整,每次冲锋陷阵,没有不获胜的,时人称他这队兵为"陷阵营"。张顺本人也清白有威严,不饮酒,不受馈赠。他劝谏吕布说:"古来破家亡国者,不是因为手下没有忠臣和明智的人,而是因为不能任用这些人。将军您行动之前往往不肯仔细思考,往往采取一些错误行动。这些错误可不能一犯再犯呀!"

吕布也知道张顺忠勇,但不肯重用。因为部将魏续和吕布妻妾有亲戚关系,竟下令将张顺的部队交魏续指挥。而临战时,又令张顺带魏续统领的部队出击,张顺虽然忠心不改,但间接行令,势必影响战斗力。

下邳守军最后崩溃,直接原因是吕布部下侯成叛变。

侯成是吕布手下一员大将。一次他派人放牧十五匹好马,那人竟驱马去投奔刘备,被侯成亲自率骑兵追回,十五匹马一匹也没损失。诸将都准备礼物来向侯成祝贺,侯成酿了五六斛酒,猎得十余头猪,准备和来祝贺的诸将宴会一次。但此前吕布曾宣布自己戒酒,也禁止别人造酒。这次侯成准备宴会饮酒,先带半只猪和五斗酒亲自送给吕布,没想到吕布不识好歹,大煞风景,竟然大怒道:"我宣布禁酒,你却酿酒会诸将称兄道弟,难道要一起谋杀我吗?"

侯成闻言十分惊惧,倒掉自己酿的酒,将诸将的礼物退还,自己也提心吊胆,终于在建安三年十二月,和将军宋宪、魏续捉住了吕布的幕僚陈宫和忠勇的将军张顺,率领部将一起投降了曹操。

这样,吕布因在关键时刻,言行失当而造成将军们的背叛。吕布大势已去,成了"孤家寡人",失去了抵抗曹操的战斗力,他要身边的将士斩自己的头送给曹操,众人不忍心,他只好自己从下邳的南门城楼的白门楼下城投降。

曹操挖苦他说,说他听妻妾之言,不听将士之计,是个被女人左右的人。可是吕布还不承认,反而说:"我吕布一向对诸将甚厚,无奈紧要关头都背叛了我!"

曹操反讽道:"你背着自己老婆,打诸将军老婆的主意,就是这样厚待部下？"

吕布语塞无以回答。由此看来，吕布是有曾霸占将士妻妾之事的。这样诸将怎么能竭诚为他效力呢？

后来吕布被曹操杀死。这死也是必然了，如果让他这种人成就帝业，只能是历史的玩笑。

■ 老虎扮病猫，司马懿装病夺兵权

当自己的力量处于弱小时，要及时改变策略，暂停进攻，先休整积蓄力量，等待时机成熟再采取行动。"宁伪作不知不为，不伪作假知妄为，静不露机，云雷屯也"，即宁可装作糊涂而不行动，也不可冒充聪明轻举妄动，暗中筹划而不露声色。这才是智慧型幕僚的生存秘诀。

司马懿，字仲达，河北人。出身世家大族。其祖父司马儁为颖泌太守，其父司马防为京北尹，司马懿是三国时期魏国重要的军事家、政治家，善于运用谋略，克敌制胜，这使他成为曹魏后期最有声望、最有权势的大臣。

魏明帝曹睿逝世后，曹芳即位，就是魏少帝。魏明帝临终前委托司马懿和大将军曹爽，共同辅佐朝政。当时魏少帝年纪还小，不能亲理朝政，这就给司马懿与曹爽相互争权夺势创造了机会。

司马懿曾为曹氏家族谋得帝位、统治天下立过汗马功劳，诸葛亮几次伐魏都是司马懿统兵拒敌，所以虽然被闲置，司马懿在朝中仍有很大的潜在势力。

而曹爽是皇亲国戚，颇得魏明帝的宠幸，权势很大，与司马懿不相上下。

开始时，二人共同执掌朝政，同心同德，曹爽很敬重司马懿，遇事多向司马懿请教，从不专权。后来曹爽逐渐独揽大权，架空司马懿，让他挂职太傅，明升暗降。久而久之，为了权力之争二人发展到水火难容的地步。

曹爽骄横专权，不可一世，唯独担心司马氏，所以总在寻找机会以图扳倒司马氏，而司马懿老谋深算，深知曹爽大权在手，一时间难以抗衡，只好暗中蓄势等待机会。为防迫害，称病居家，对朝政不闻不问，并告诫二子司马昭、司马师安分守己，不可与人争强斗胜。没过多久，东吴分兵两路进攻六安和淮南，边关告急，曹爽原是纨绔子弟，遇变故便不知所措，忙召集众臣商议对策。还未等商量出对策，樊城又遭东吴攻击，更使曹爽如同火上浇油。无计可施，只好派人去请司马懿来朝议事。

司马懿对战局了如指掌，也料定曹爽必来相请，认为借此时机出战，对自己很有利：

第一，可以打击曹爽的气焰，灭其威风。

第二，还可以树立自己的威望。

最后，司马懿决定亲自带兵出征。满朝文武，见司马懿亲征边关，人心大振，为司马懿举行了隆重的出征仪式。司马懿率军出击，很快就解了边关之危，班师回朝，声望日盛。

然而，司马懿得胜回朝后，兵权又被曹爽剥夺，司马懿深知曹爽的妒恨之心，于是采取忍耐退让的策略，称病居家，不问政事。

这样一来曹爽的气陷更加嚣张，开始排斥异己，安置亲信。朝中大臣对曹爽的专横敢怒不敢言。曹爽唯一的顾忌就是司马懿。他命心腹河南尹李胜，借出任荆州

▲ 司马懿

刺史之机，让他以向司马懿辞行为由，前去探听虚实。

司马懿洞悉实情，便对两个儿子说："这是曹爽派人以探病为名，来探听我的虚实啊！"于是摘去帽子披散着头发，盖着被子坐在床上，并让两个侍女服侍，做完这番准备之后才请李胜入府。

李胜来到司马懿的床前，这时司马懿正在侍女的服侍下更衣，只见司马懿浑身颤抖，久久地穿不上衣服。

李胜说："一向不见太傅，谁想您竟病成这般模样，现在，我被圣上委任为荆州刺史，今天是特来向您告辞的。"

司马懿则佯装有气无力地说："我恐怕活不了多久了，你调任并州要多加防范，不能给胡人制造进攻的机会啊！"

李胜说："您听错了，我出任荆州，而不是并州！"

司马懿又问道："你不是说并州吗？"

李胜大声重复道："是荆州，不是并州。"

司马懿大笑说："你从荆州来！"

李胜说："太傅如何病成这样？"

左右说："太傅耳聋。"

李胜说："取纸笔来。"

李胜把要去荆州的意思写在纸上递给司马懿，司马懿看后笑着说："我耳聋了，没有听清楚你的话。希望你此去保重。"说完，以手指口，意思口渴，待侍女捧上汤来，司马懿以口去接，却将汤弄翻，流了一身。

稍后，司马懿又哽噎着对李胜说："我们今后再难相见，拜托你今后替我照顾两个儿子。"

李胜拜辞回去，将情况报告给曹爽，曹爽大喜，说道："司马懿不过是一具没有断气的躯壳而已，如此我还有什么顾虑呢？"从此对司马懿削除戒心，不加防范。

司马懿见李胜走了，就起身告诉两个儿子说："曹爽这下掌握了朝政大全，对我他真的放心了，我们就静候时机，到时再让他知道我的厉害。

一日，魏少帝曹芳前往洛阳南山拜谒魏明帝高平陵，曹爽以及他的两个弟弟和心腹一同随行护驾。

司马懿见朝中空虚，时机已到，便立即召集昔日部下率兵闯进后宫，逼太后就范，以太后的名义发布诏令闭锁城门，发动了兵变。

司马懿派司马师、司马昭统领数千禁军，占领城中要害，解除曹爽的兵权。城中控制后，又派出使者诱降曹爽，并向曹爽保证只要交出兵权，决不伤害他和家人的性命。曹爽部下力劝曹爽调兵平叛，曹爽却犹豫再三，最后投降。

没过多久，局势稳定了下来，司马懿以曹爽大逆不道，图谋篡位的罪名，将曹爽及其党羽全部诛杀。

■ 慧眼择主，荀彧弃袁投曹成大器

一个人再有才华，如果不被重用和赏识，也只能落个郁郁而终的悲哀下场。要想大显身手，攀上权力峰巅，居于官场的风云变化之万端，务必密切关注风向的变化，找到真正能助自己青云直上的风，而这股风就是当时的明主。

荀彧字文若，颍川颍阴人。少年时便有奇才，当时南阳名流何颐就发现他与众不同。汉末永汉元年，以其品学出众而被举为孝廉，拜为守宫令。后来董卓兴乱，见事不可为，便弃官归里。

趁董之乱，袁绍起兵夺取了冀州，他闻说荀彧有才，也很重视，待之以上宾主礼。但经过一段观察了解，荀彧见袁绍虽然拥势自重，但其秉性弱点甚多，终非能成大业，便于汉初平二年离开袁绍，改而投奔到曹操门下。曹操也素闻荀彧之名，一见荀彧来投，当即大喜过望地说："荀彧就是我的张良！"立即委以重用，任司马之职，当时，荀彧只有29岁。后又升为尚书令，曹操对他异常信任，凡有难决之事，必向他请教。

荀彧也不负曹操所托，据史书记载，曾先后为曹操提出三大决策。尤其是面对曹袁两个军事集团的决死斗争，他曾从四个方面分析了曹操和袁绍势力对比的优劣，就表现出了他政治洞察力之深刻。他对曹操说："袁绍表面待人宽厚而内心忌刻，用人而疑其心，内部不团结；而曹公您宽宏大量，只要是人才都能合理使用，这在用人度量上就胜过了袁绍。袁绍遇事疑惑犹豫，常失去良好时机；而曹公您处事果断，善于随机应变，这在智谋上胜过了袁绍。袁绍不知用法立法，军令不立，兵多而难用；而曹公您法令严明，赏罚分明，士兵虽少，都勇敢善战，这是武力上胜过袁绍。袁绍凭其门第高，势力大，任人惟亲，跟他的多为务虚名而没有实际本领的人；而曹公您则任人惟才，不分亲疏，自己谨慎节俭，因而手下人多是真才实学之士；在德方面您又胜过袁绍。凭这四胜辅佐天子，匡扶正义，征伐不义，谁敢不从？"

曹操听了甚是欣喜。接着荀彧又说："袁绍由于个性优柔而少当机立断的魄力，所以常常错失良机。与之相较，吾公当机立断的魄力确实远远在上，而且应变力强，思路绝不僵硬。这是吾公善于计略的证据。"

荀彧原本是袁绍麾下智谋最为卓越的功臣，却因自己的主子不能成大器，于是投奔曹操。有识人慧眼的曹操，当然看得出荀彧的非凡之才，所以对他非常厚遇。

自从曹操将汉献帝奉驾许都后，政敌袁绍当然颇为气愤，两雄间的关系，于是陷于一触即发的状态。两雄决战的"官渡之役"爆发之前不久，曹操召见荀彧，要他将彼此之间的战力加以分析比较。

结果，荀彧说："战争的胜败，端视领袖的为人及能力如何而决定，这是自古不易之事。领袖若是大器之人，即使失力寡弱，也不容易挫败。

在相反的情形之下，纵使有强大兵力，战胜不是一定可期。这一点可以由刘邦和项羽的前例得到证明。"

荀彧进一步将两军最高统帅，即曹操和袁绍的优劣和差异作了四点分析，在荀彧看来，袁绍每一点都不如曹操。所以，在此情形下，无论兵力如何众多，资源如何丰富，胜败之数早已论定，袁绍之军绝不足惧。

听到荀彧分析后，曹操变得勇气百倍了。

不久，袁绍大军和人数悬殊的精锐曹军，在白马、延津、官渡等地不断交战（总称为官渡之战），结果袁绍果然一败涂地。历史达数百年之久的华北名门袁氏一族，至此终告灭亡。

■ 可爱的和事佬：鲁肃

鲁肃，字子敬，临淮郡东城（安徽定远境）人。家庭富裕，因父亲早逝，自幼与祖母同住，向来慷慨大方，乐于帮助人。鲁肃长大后不喜欢管理家庭事务，却喜欢学习击剑骑术，每天只是和乡里少年讲习武事。父老们担心鲁家出了一个败家子，他却我行我素，经常变卖自家田地去赈济贫穷的百姓，又喜欢与读书人结交，所以受到乡党的称颂。

1. 周瑜荐贤，效力东吴

周瑜推荐鲁肃去面见孙权，孙权对他单独召见，两人对座饮酒密谈，孙权说："汉室倾危，四方云扰，我继承了父兄留下的基业，想要建立齐桓晋文辅周那样的不世之功，请先生指教。"鲁肃回答说："如今曹操这个奸臣挟持汉帝，将军为什么一定要去成就齐桓晋文的大业呢？按照我的粗略建议，汉室复兴没有希望，曹操在短时间内也无法除灭，为今之计，将军如今只能占据江夏地区，以待时机。况且曹操经常面临北方的忧患，将军可先剿除黄祖，然后再剿除刘表，再顺长江西进，进而占据江东，然后建帝号而图天下，建立汉高祖那样的功绩。

▲ 鲁肃

将军认为呢？"

孙权听了鲁肃的话后，心中非常高兴。因为他当时虽年轻，但也胸怀大志，有统一天下的意思，但是力量不足，又害怕过早地说明自己的心意产生不必要的麻烦，所以对鲁肃只是说尽力辅佐汉室。张昭甚至讨厌鲁肃的夸夸其谈，在孙权面前说鲁肃过于粗俗，孙权却反而尊重鲁肃，视他为国士。建安十三年，荆州刘表病逝，鲁肃毛遂自荐，要亲自去荆州探明情况，必要时与刘备结好以便共图荆州。孙权派遣鲁肃去往荆州，以吊丧的名义，到夏口（汉口）时，得知曹操已经兵临荆州，就在他星夜兼程赶到南郡时，刘表的儿子刘琮已经投降了曹操。刘备从新野仓皇无措地向南方撤离，鲁肃刚好在当阳长坂遇上他，并向他说明一起抗拒曹操的计划。刘备当时已经走投无路，本想投靠苍梧（广西）太守吴巨以便保住性命，鲁肃的道理，相当于大旱甘霖。正好诸葛亮也主张联吴抗曹，于是孙刘协力抗曹的计划得以初步谈成，刘备派诸葛亮去见孙权，鲁肃返回江东汇报去了。

2. 独立迎战，志在九州

孙权在柴桑的军事会议中，面对张昭等迎降派的主张，一时间不能决定。孙权起来更衣时，鲁肃追于廊下，孙权拉着鲁肃的手说："您想对我说什么？"鲁肃说："众人的决议，都只是为了误导将军，不能与他们图大事。我可以归降曹操，将军却不可以。我归降了曹操还能获得一官半职，将军如果归降了曹操，能得到什么好下场呢？"孙权叹息说："众人的商议，让我感到很失望，你说的话正与我想的一样。"于是，孙权采纳了鲁肃的建议，从鄱阳召周瑜回来，提拔他担任都督行事，任命鲁肃为赞军校尉，协助周瑜制定战斗方略。然后才有了赤壁乌林破曹的战役发生。赤壁之战胜利后，鲁肃自前线回来，孙权在诸将面前下马亲自迎接他，并说："我这样做，能否彰显您的功劳？"肃趋近回说："不能。"诸将听后都表示惊讶极了。就座后，鲁肃缓缓举着鞭子说道："等到主公获得至尊宝座，威加四海、俯瞰九州，完成统一大业后，用豪华的马车召见我，才能彰显我的功绩与荣耀。"孙权听了抚掌大笑。从这里可以看出鲁肃时时刻刻提醒孙权要以统一天下为大志，不能满足与现状。

3. 坚持和刘，折衡樽俎

周瑜去世后，鲁肃代替周瑜领兵，屯兵陆口（湖北嘉鱼县境），那是建安十五年（210年）的事。战争结束后，刘备不但得了荆州牧的名号，而且在南郡的江南公安地区立足。又用棋先一着的手法，占了荆州的长沙、零陵以及桂阳三郡。当初孙权周瑜的心中颇有不服，周瑜吕范等人甚至主张把刘备扣留在京口（江苏镇江）不让他返回公安。都是因为鲁肃的主张使曹操多一个敌人，就是指使东吴多一层屏障，才让刘备得以在荆州立足。这消息传达到曹操耳朵的时候，曹操惊恐地把手中写字的笔都掉落地上，足以证明鲁肃这着棋的高明之处。鲁肃以攻占天下为目标，所以，对刘备表示重视有一定时期的存在价值。这点远识智谋只有诸葛亮心知肚明，就是连孙权刘备都不能彻底了解。孙权为了刘备擅自进据益州，事先不与其联系，认为刘备是个背信弃义之人。原来早些时候孙权听从了周瑜和甘宁的建议，曾有意夺取益州刘璋的地区，当询问刘备的时候，刘备居然以与刘璋出于同一个宗室为由而想要代替刘璋并继承他的土地。还说如果孙权不答应他，他就从此归隐山野，再也不问世事。

后来，刘备竟不声不响地单独攻取了益州，所以恼怒了孙权，不但扣押了刘备的妻子孙夫人，而且命令吕蒙夺取长沙、零陵、桂阳三郡，弄得两人之间的关系几乎剑拔弩张，甚至几欲大动干戈。幸亏鲁肃的耐心和布置，令双方在谈判时各自把兵马驻留在百步外，然后邀请关羽单刀赴会。

4. 单独赴会，辞严意切

鲁肃侃侃而谈，详细对关羽述说攻取三郡的理由，并用严厉的语气责备刘备既然已经攻占了益州，担拒绝返还三郡的不是。座中有一人竟高声说："凡是土地，只能是德才兼备的人才能有权掌管，哪里有这么多道理？"一看是关羽的部属，鲁肃听后对其厉声指责，辞色严切，这是老好人鲁肃第一次让人看到他发脾气，所以向来敬爱他的关羽，也只好操刀而起，对自己阵营中那个冲动的人说："国家大事，不容你说话。"并用目光示意，让那人尽快离去。鲁肃这次的周旋，最终达成和刘备以湘水为界，划分荆州土地的协议，而双方罢兵，总算又恢复了孙刘双方联合的局面。

5. 赍志以殁，哲人其萎

这局面要等到四年以后，关羽为策应刘备占据关中而出兵，在襄樊地区打败曹仁才打破。孙权听从了吕蒙的建议，暗地里应下曹操的盟好之约，悄悄潜进关羽后方，占据了荆州南郡，最终导致关羽被擒杀，于是和平的局面就彻底破坏了。可惜鲁肃早已在两年前因病去世，他死时是建安二十二年（公元 217 年）。鲁肃去世时才四十六岁，可说赍志以殁，即怀着没有完成的心愿死去。如果鲁肃不死，孙刘的协合关系应该还可以维持一段时间。

鲁肃还有让人值得敬爱的地方，就是他尽管身在军阵中，但是从来手不释卷，既擅长于谈论，又对文学有一定的研究，为人严谨，公私分明，治军严格，禁令必行。他所治理的地区，法美策善，路不拾遗，令人怀念。鲁肃绝非那舞台上身穿紫兰袍演出的那个婆婆妈妈两面说好话的和事佬能够相比的。

■ 诸葛亮妙算之外

古往今来,神机妙算之人,当属诸葛亮,据说他不仅懂得用兵治国之道,更懂得用人之道。实际上,他的用兵治国之道与用人之道在很大程度上是联系在一起的。以下四点却是在诸葛亮的妙算之外。

1. 妙计重重,助刘得势

诸葛亮二十七岁和刘备相遇,在襄阳附近的隆中定下复兴汉业的政治方略。第二年,在刘备兵败新野,颠沛流离中,奉使说服东吴的孙权,联兵共拒曹操,乃有赤壁鏖兵,以寡乱众,击破曹军的战绩,使刘备在荆州的江南立定脚跟。其后又因江夏刘琦之病死,而使刘备稳取荆州牧的名位,于是东吴不敢轻视,以联姻结盟,使刘备既得了土地又得了夫人。后来刘备又运用了策略,乘汉中的张鲁觊觎益州,威协到益州牧刘璋安全时,以助璋为名,发兵入川,刘备的势力因此伸进了四川;后又运用诡谲的策略,竟占有了四川,取代了刘璋。虽然得罪了东吴,收走了孙夫人,但却使刘备的势力跨有荆益,这一切的一切,都可以说在诸葛的妙算之中。然而除开后世给他那顶荒唐的"法道合抱"的怪异帽子,出于诸葛的妙算之外,也还真有其事。

2. 时哉时哉,无法自主

诸葛孔明在襄阳耕读时的隐士朋友司马德操先生,在孔明出山归刘备所用时,就叹息其"不得其时"。这"时"之于人,有时可以选择恰当的时机,有时往往身不由主。诸

▲ 诸葛亮

葛孔明如果早生二十几年，遇明主，曹操在中国历史舞台唱的戏，可能会没有机会。那时正当黄巾之乱，接着董卓专权，搅扰朝纲，天下喧嚷，人心思变；如有不出世之主，得诸葛孔明之助，安定汉家大业的事，不会落在居心叵测的曹操之手。但自董卓被杀，到孔明出山，其间有十五年之久。曹操在许都挟天子以令诸侯，不仅已拥有九州之地，而且厉行屯田制，使流离的人民重获安定生活，人心趋定，而且江东之地在东吴的掌握中，亦已历三世，有十余年之久。在这个时候，诸葛孔明才遇到刘备，而那位刘皇叔尚寄人篱下，无寸土尺地，而且年纪已四十七岁，足足大了孔明二十年。虽然孔明的妙算使刘备的隆中定策一一实现，但"时"不相得，确是诸葛先生无法自主的事。时哉！时哉！孔明圣人也对它没办法。

3. 一生谨慎，不事冒险

诸葛孔明好"淡泊以明志，宁静以致远"（他写给他儿子诸葛瞻的信中曾这样说），所以虽有用世之才而采取低姿式，情愿在穷乡僻壤耕淡度日，而不好炫耀自己。诸葛先生要刘备三顾茅芦然后再出山，论者或说这个诸葛先生的傲气。他和友人徐元直、石广元、孟成威等谈论各人将来的出处时，说他们三人可以官做到刺史郡守，三人问他如何，他笑而不答。从这个故事，的确觉得他有些傲气。有人说这是因为他尚未遇到可以委质相事的人而已。根据鱼豢魏略所记，诸葛孔明是向刘备求见的，刘备见他年少，不曾重视他的在座，众宾客散去后，孔明独留未去，刘备也未和他说话，拿取手中的牛毛垂饰编结着打发时间，孔明乃进言，刘备奇而用之。这又表示孔明是知道"自售"的人。但是替三国志作注的裴松之宁信诸葛亮前出师表中"先帝不以臣鄙陋，猥自枉屈，三顾臣于草芦之中，谘臣以当世之事"所述。现代心理学家如果分析孔明先生的心理状况，说不定会认为孔明先生是一个十分谨慎的人。后人有说"诸葛一生唯谨慎"，这正说到了孔明先生的个性所在。由于他的谨慎，所以凡属冒大危险的事，都排斥在他妙算之外了。当他出汉中北伐时，魏延建议他出子午谷（秦岭孔道之一）直捣长安，而不为他所接受，足以证明之。但是清代王船山认为诸葛之不采大冒险战略，由于他之攻魏，原是为守而攻，又何必冒此大险呢。

4.感情间隔，终难沟通

还有一件确非诸葛妙算可以操纵的，是年轻的诸葛和老一辈跟随刘备数十年的患难袍泽间的感情代沟。诸葛孔明和刘备的患难袍泽，在年龄上的差距，恰恰隔了一代。关羽和张飞，都比诸葛早二十多年跟随刘备闯天下。等到刘备访求到诸葛，情好日密，疏远了关张辈，关张都有闲言。可见诸葛先生和老一辈之间的感情有隔阂。后来刘备听从诸葛的策划屡建奇功，大家无话可说。但直到入川，诸葛的官职，不过是军师将军，比起关张来还差了一大截。后来刘备登基称帝，诸葛才任丞相（时年四十一岁）兼司法校尉。两年后刘备死，后主接位，才被封武乡侯。老一辈中最对诸葛表示佩服的是赵云，关张一直在若即若离之间。入川后张被任巴西太守，稍听诸葛节度，关羽则一直倚老卖老，所以诸葛也只好倚重他守荆州。但守荆州必须遵守诸葛的联吴政策。有安稳的东方，才可以出击北方的曹魏；而偏偏关羽就不把联吴国策放在眼里。孙权欲与关联姻，为子向羽女求婚，竟被羽凌拒，还羞辱吴使；因此结怨东吴，乃伐东吴助曹杀羽的大变故。这是在人事安排上出于诸葛妙算之外的事。说来说去代沟的间隔，也是诸葛亮无可奈何之事。

■ 自不量力的王允

汉献帝初平三年四月，东汉王朝发生了一件举国欢庆的大事：董卓被杀死。

董卓是王允用计杀死的。这便是民间人人皆知的"吕布戏貂蝉"

的故事之由来。

董卓是东汉末年大乱天下的军阀之一。他乘宦官之乱进洛阳后，废杀少帝刘辩，立陈留王刘协为帝，即汉献帝，又纵兵大掠洛阳，强令汉献帝和百官及数百万百姓迁都长安，沿途杀人掘墓，焚烧掠夺，到长安后在郿大筑坞壁，号称"万岁坞"，储藏大量粮食和珍宝，扬言"事成踞天下，不成守此足以毕老"。一时间，天下英雄对他这种做法倒也无可奈何。

要想搞垮董卓，只有从其内部着手，这件事被王允做了。

王允本是太原郡祁人，曾做过刺史，镇压过黄巾军。董卓挟持汉献帝迁都长安后，他倒识时务，折节奉迎董卓而渐升为司徒，掌州郡民政，并参议大政。

王允为人刚厉疾恶，先时因惧怕董卓，才表面上对董卓恭顺，杀死董卓之后，自认为不会再有灾难，骄傲起来，所以群臣不肯依附他，尤其是杀了蔡邕更使人心寒，群臣急于寻找退路。他对吕布也只是看成剑客，关系也渐渐不融洽了。

董卓的部下大多是凉州人，当时传言王允连蔡邕那样名士尚且因依附董卓而被杀，王允肯定会将董卓部下士兵全部杀光。董卓死后，他的部队落入李傕等部将手中。李傕请求王允赦免他们，但王允却怎么也不肯，实际上他是不懂权宜之计，就是逼迫李傕等造反。如果王允暂时同意赦免董卓部下，也就不会发生下面的事了。

李傕见求赦不成，惶迫无计，开始准备弃兵逃亡。这时讨虏校尉贾诩对李傕等人说道："你们若弃军逃亡，一个亭长就可以把你们抓住。不如率兵向西攻打长安。成功了就能夺取朝廷大权，失败了再逃也不晚。"

李傕等人听了贾诩的意见，率兵向西进攻。王允接到警报并没有重视这股叛军，而是大大咧咧地对朝官胡文才、杨整修说："关东鼠辈能干成什么大事？你们去把他们叫来！"在此，王允又犯了一个错误，胡、杨二人都是凉州望族豪门出身，王允指派他们去平息李傕等人叛乱，这恰给了二人以逃跑的机会。二人投奔了李傕等人，一起来攻长安，沿路收集董卓散兵，渐渐凑成十万大军；董卓另外两个部将樊稠、李蒙等人也来合兵一处和王允为敌。

吕布负责守城，但守城军中的蜀兵造反，做了李傕的内应，于是长安被攻破。可见王允杀一蔡邕搞得人心惶惶。吕布寡不敌众，准备逃跑，他派人去喊王允一齐逃，王允这时仍不肯随机应变，带皇帝逃跑或自己跟吕布逃跑，或许能挟天子利用吕布还能东山再起。于是吕布一人带部下残兵逃跑了。

李傕等人杀进城中，王允拥护着汉献帝登上长安东面的城门宣平门。李傕等人到城门下兵围城门楼，拜汉献帝，口上说不敢造反，只是为忠臣董卓报仇，并要求皇帝命王允下楼。王允无计可施，只好下宣平门城楼，被李傕等人抓进狱中。

汉献帝刘协落入李傕等人手中，汉献帝只好按他们的要求封为将军、中郎将等。

李傕等人并没有马上杀死王允，因为他们还有所顾忌。当时王允还有势力，长安附近的两个郡守宋翼、王宏是王允同乡，也是他的亲信，王允派二人到两郡镇守也是为了作自己的外援。要杀王允，必先除掉此二人。李傕等人又用朝廷名义召宋翼、王宏进长安，他们明知道李傕等人怕他俩造反才暂时对王允羁而未杀，而他们一进长安就会与王允同归于尽，但二人与王允一样不开化，认为朝廷的宣召不能不听，只好遵旨回到长安。于

▲ 王允

是王允、宋翼、王宏一并被李傕等人杀死。

本来，王允一挟天子，二有吕布，只要采取怀柔政策，安抚人心，收回军权，可望成就王天下的大志的，但因不通权变，暴戾不仁而功败垂成，实际上他没有成为君主的素质，而不是没有客观条件。

 拓展阅读

"指点江山"的卧龙先生

诸葛亮的出仕，可以说是既主动而又被动，把握得最巧妙了。

当时身处卧龙岗的刘备屏退自己的左右随从，心怀诚恳地对诸葛亮说："眼看汉朝的江山一天天衰败下去，奸臣窃取政权，天子也深受牵累，被迫流浪在外，受尽风尘之苦。我无法估计自己的德有多高、力有多大，就只是想着为天下伸张正义。因为智谋短浅，遭到失败，到了今天这个地步。但我伸张正义的志向却没有停息，您说我该怎么办？"

诸葛亮自己很清楚当时的形势，遂对天下大势作了自己独到的分析："自从董卓乱国以来，各地豪杰都纷纷起来割据称霸，地跨州郡的数不胜数。曹操和袁绍相比，名望低微，力量单薄，可是曹操竟能战胜袁绍，由弱变强，其原因不仅是时机好，而且也是靠人的谋划得当啊。现在曹操已拥有百万大军，挟制着天子，用皇帝的名义号令诸侯，实在已经不能与他争胜了。

"孙权占据江东，已经经营了三代，地势险要，百姓归附，贤能的人为他效命，这是可以作为外援的力量，而不能再打他的主意了。荆州北有汉水、沔水，南方因近海而可以得到一切资源，东面与吴郡、会稽连接，西面通向巴、蜀，是战略要地，可是现在占据荆州的刘表却守不住它，这或许是上天拿它来帮助将军的，将军难道不想得到这块地方吗？

"益州地势险要，土地广大肥沃，物资丰富，汉高祖就是靠这块地方成就了帝业。可现在益州牧刘璋昏庸无能，又有张鲁在北边和他作对，

虽然人口众多，国家富足，但却不知道安抚、爱惜。有智能的人都想得到一个贤明的君主。

"将军是皇室的后代，信义又天下闻名，广泛罗致英雄，如饥似渴地求贤，如果一并占据荆益二州，在险要的地方设防，同西南方的少数民族建立友好的关系，对外与孙权结盟，对内修政理财，一旦天下变动，时机有利，就命令一位大将率领荆州的军队向南阳、洛阳一带进军；将军亲自带领益州的大军出师秦川，老百姓谁敢不捧着食物抬着美酒去欢迎将军呢？假使真能这样，那么统一全国的事业就可以成功了。汉朝又可以兴复了。"

第四章
魏晋南北朝的"门阀制"幕僚

在魏晋南北朝时期，国家都由权臣建立，他们依靠的政治力量是他们手中的军事力量与自主辟署的佐僚，加上政局经常变动、动乱无常，各国政治都有浓厚的军事色彩和鲜明的私家色彩。游士宾客作为幕友制度的重要表现形式，虽然在这一时期继续存在，但最终趋于衰微。

第一节　魏晋南北朝时期的幕僚制度

■ 魏晋南北朝的"入幕之宾"

魏晋南北朝时期，天下战乱不断，纷争不停，正是用人之际，所以世道越乱幕府就越兴盛，也越受儒家思想影响，中国的文人大都关心国事，有机会就想出仕，而幕府也有权力任命佐僚，进出自由，不必要走正规的官吏选举制度，文士到这里来大可以走完一个"达则兼济天下，穷则独善其身"的人生历程。

同时，魏晋南北朝又以崇尚虚华为一时风尚，幕府人才多为文学侍从，齐永明年间，竟陵王萧子良礼贤好士，《南史·齐武帝诸子》称："天下才学皆游集焉"，沈约、王融、谢朓、范云、任昉在幕府游宴赋诗，约句准篇，回忌声病，创建了对后来律诗形成有巨大影响的"永明体"。

在这个时期，不管是哪类幕僚或是幕宾，都只是以一个参谋的身份参与政治军事。"入幕之宾"这个词便在那时出现，就是对这一情况的极佳反映。

东晋时期的权臣桓温，不仅独揽军政大权，还想废除皇室，自己称帝。他手下有个叫郗超的参军，精明强干，劝桓温"定废立大计"，因此深得桓温信任。桓温府中人都称郗超"能令公(桓温)喜、能令公怒"。桓温想自己当皇帝，最大的阻力就是拥戴东晋皇帝的江南世家大族。有一天，江南世族首领谢安、王坦之来拜访桓温，桓温为了揣摩他们此来的目的，就派郗超躲在帘帐后记下他们的谈话内容。不料，还没谈到一半，刮来一阵风，吹开了郗超的帘帐，郗超只得尴尬地向谢安、王坦之打招呼。精明老练的谢安只是哈哈大笑，说："郗生真可称得上是'入幕之宾'了。"

这里所说的"入幕之宾"有着一语双关的作用。"幕"可以指郗超用来藏身的帘帐。在中国古代，习惯上称用帘帐之类的纺织品来分隔房间，起到隔断作用的帘帐为"幕"。帷幕之内乃是私密之处，不是特别亲密之人不能入内，可见郗超与桓温关系不一般。因此人们习惯用"入幕之宾"指心腹、死党。另一方面，谢安这句话中的"幕"，也可以指郗超所任的"参军"官职，因为当时这个官职被称为"幕僚""幕职"。

魏晋南北朝时期，在地方行政上还有一个突出特点，是所谓"都督刺史"制。魏晋以后，州为地方最高行政层级，刺史为地方最高行政长官，州府机构基本上保留了汉代刺史的佐僚系统。但由于刺史多带将军开府，即另设有一个督府机构，其佐僚有长史、司马、录事参军、谘议参军和记室参军等。这就形成了一位长官两套班子的情形。这两套班子虽说是州官理民，府官理戎，但实际上难以区分，而且在用人行政上都由其长官自主辟署。郡、县两级政府，其用人行政大略同汉制。

不过，在魏晋南北朝时"辟署制"已经发生了变化。北齐时，"州郡辟士之权，浸移于朝廷"；北周时，"刺史僚佐，州吏则自署，府官则命于朝廷"。意思是说朝廷开始收回都督刺史的用人权，削弱他们的行政主权。

■ 魏晋南北朝的辟署制

魏晋南北朝时期，辟署制有了进一步的发展。

1.辟署制的发展

魏晋南北朝时期，辟署制仍对选官制度起到很大作用，是选官入仕的重要途径之一，也是官员自主用人的重要方式。和秦汉时期相比，魏晋南北朝时期的辟署制有了一些发展。不仅"八公"，即丞相、太宰、太傅、太尉、司徒、司空、大司马、大将军和九卿有权自辟僚佐，而且各类自选僚属的官职，如骠骑、车骑、卫将军、伏波、抚军、都护、镇军、中军、四征、四镇、龙骧、典军、上军、辅国等大将军，左右光禄、光禄三大夫等，他们都有自选僚属的权力。中央公卿和开府位从公有权辟召属吏是当时通行的制度。

《晋书》"职官志"说："其仕在天朝者，与之国同，皆自选其文武官。"意思是说北朝王侯也可以自辟属吏，如李琰之被"彭城王勰辟为行台参军"。

魏晋南北朝的地方官制中，沿用了汉末的州郡县三级制，州刺史、郡太守和汉时一样都有辟吏权。

2. 辟署对象的范围也有所扩展

魏晋南北朝时，中央公卿以及开府位从公之属吏、王侯属官和州刺史、郡太守属吏等官职的任命情况在正史"职官志"中有明确记载。虽然各朝属吏名号一般不同，但是属官设置规模和职掌大体上都是一样的。在这些僚属中，级别较高的官职都由中央政府任命，低中级的僚属由辟主自行辟署。

由于当时政治局面混乱，一些个别官吏也可以任命一些级别较高的属吏，辟署范围逐渐扩大到整个僚佐系统，甚至汉朝时期由朝廷直接任命的佐贰官

▲ 砖雕幕僚

在这个时期也由长官自行辟署。尤其是在权臣建立的霸府时期更为显著，越制用人这都不算稀奇事，表明各级长官行政自主权有所扩大。

同时，魏晋南北朝时期的"都督刺史"制是在地方上实行的，即刺史是地方上最高的行政长官，州府机构和汉代刺史的僚佐系统基本一样。但刺史多带将军开府，另外设置一个督府机构，其僚佐一般都带军号，有长史、司马、录事参军、谘议参军、记室参军等，不带军号的"单车刺史"很少。这就导致一位长官有两套班子的情况，只是辟署范围更大，幕府的人也越来越多。

3. 重要幕职名称产生并固定化

秦汉时，佐治类官职的掾属向幕僚转化；魏晋南北朝时，趋势更加明显。而一些重要幕职名称如军师、参军、主簿等产生并固定化，这标志着幕僚机制分工更加明确、职能更细化。

王府、都督、将军府的重要幕职之一就是参军。在魏晋南北朝时，战乱不断，军事显得尤为重要，是一切政治活动的中心。参与军事活动的幕僚一般带军事名义，简称参军。参军是以他官参军事，但是其地位非常显要，职司也是极其复杂，不是一般的正官可比拟的。如张范在曹幕以议郎身份："参丞相军事，甚见敬重。太祖征伐，常令范与邴原留，与世子居守。太祖谓文帝：'举动必谘此二人。'世子执子孙礼。"由此可见参军管理的事物繁多、地位极高。王府、都督以及各征、镇、安、平将军幕内都是有参军和行参军的，这是魏晋南北朝时的特征。到后来参军逐渐被固定化，成为王府、都督、将军幕府中纯粹的幕僚，而且分工也在逐步细化，各司其职。隋唐以后，参军也在随着朝代的变更而变化，到了元代最终消失。

州府系统的重要幕职之一是从事。"从事"的称谓始出西汉，到东汉时期变成相对固定的幕职。魏晋南北朝时期还一直沿用汉代地方官制，已经完全固定化而且分工更细，名目繁多。

记室是三公和大将军幕府临时设置的僚佐之一，主要职责是掌管文檄、表奏等，东汉时已出现。魏晋南北朝时沿用而且逐步固化，虽然主要职责没变，但是地位上升了，成为了重要的幕职。记室后又称典书记、书记或管记，到了唐朝一律统称掌书记，是幕府重要幕职之一。

　　主簿原是汉朝以后通用的官名，就是负责文书与案牍工作，到了魏晋南北朝时也成了幕职名称，不过其含义已经远离了本义。如王珣为桓温主簿，"时温经略中夏，竟无宁岁，军中机务并委珣焉"。主簿地位已经十分显要，和参军、记室一起成为了幕职的中坚力量。另有参战、军师等职。生于曹魏时期的军师不仅在当时发挥了参谋的作用，而且后来历代沿用，成为军府的重要幕职。

　　另外，由于当时各地都实行"军管"，地方长官由武官兼任，将军左右的僚属也就从单纯的军官转变为辅将军"上马管军、下马管民"的文武兼任官职了，且文职比重往往超过武职。这一习惯一直传到唐宋时代。

第二节　魏晋南北朝时期的著名幕僚

■ 智勇双全的王猛

幕僚的为人处世准则与传统道德大相径庭，为事贵智，只问结果，不择手段。嫁祸于人，陷害他人以成就自己的事业，是他们在斗争中常用的手段。嫁祸也好，陷害也好，其关键在于准确深入地了解对方的一切特点，即得"世情"和"人情"。

太和五年正月，晋桓温借故杀袁真。前秦王猛攻占了洛阳。王猛在率军离开长安之时，请慕容令随军参谋机务，并作为向导。临行时，又到慕容垂处辞行。二人欢饮之半，王猛颇动感情地说："今当远别，何以赠我，使我睹物思人。"慕容垂毫不介意地解下佩刀相赠。这一切都是在王猛临别前一两时辰中进行的，因为他有意不给慕容令留时间使其父子相见。

慕容令是慕容垂的长子，熟谙世故，有勇有谋，酷肖乃父。王猛将其带在身边，名为向导，形同人质，而且为其父子设下一个陷阱。

王猛到洛阳之后，私下召入帐前一个叫金熙的走卒入内。原来金熙是慕容垂的近卫，深受慕容垂的信任，此次随慕容令到王猛帐下。王猛将其叫入后，先用重金，又许以高官厚禄，让金熙拿着慕容垂的佩刀偷偷去见慕容令，诈称是受了慕容垂的嘱托，并假传其语说："我们父子来此是逃难的。如今王猛视我们如仇人，谗毁日深，秦王虽外

▲ 王猛

相厚善，心实难知。大丈夫逃死而不免，恐为天下人耻笑。我听说东朝近日已有所悔悟。我现在要返回本朝，故派专人去转告你，我已经起身了。你见到去人后立即动身，千万不要迟误，以免遭诛。怕你不信，物以佩刀为证。"金熙依计而行。

慕容令听完金熙的叙述，又看到了父亲的佩刀，心中颇有疑问。因父亲从未向他谈起过这种想法，在出发前一天晚上父子尚畅谈好长时间，父亲只嘱咐他处事要谨慎，万不可贻人口实等，想要逃归本朝的意思一点也没有。而且慕容令也能审时度势，他知道前燕政局已不可收拾，此次作战必败无疑，父亲怎么能在这种情况下回去呢？但来人是父亲的故旧亲信，又有父亲从不离身的佩刀为证，怎能是假呢？他在帐中踱来踱去，又无从验证，犹豫了大半天，最后还是下决心先逃回本朝再说，就以出猎为由率领旧骑逃归，往投乐安王臧。

王猛见慕容令已中圈套，立刻上表奏闻朝廷慕容叛变之事。慕容垂听到后大吃一惊，马上骑马逃走，到蓝田时被前秦追赶骑兵追上，被挟迫回到苻坚大营。苻坚马上召见，慕容垂惶恐谢罪，苻坚温言相慰，待遇信任如初。前燕见慕容令叛而复归，但听说慕容垂在前秦依然受信任，以为他是回燕行反间计的，遂将其流谪到沙城，此地在龙城东北六百里。

王猛设计陷害慕容垂父子，可谓谋划周全，用心狠毒。临行求慕容令为参谋，宴别慕容垂时请赠物都是此计当中的重要环节。而贿赂金熙诈为使者则是关键，可见王猛计划周密，确是个智者。一箭双雕，既排挤走慕容令，又可杀掉或至少可压制慕容垂。如果不是苻坚明察，则慕容垂必死无疑了！

司马光对此事深有感慨，评价说："昔周得微子而革商命，秦得由余而霸西戎，吴得伍员而胜强楚，汉得陈平面诛项籍，魏得许修而破袁绍。彼敌国之材臣来为己用，进取之良资也。"又说："猛何汲汲于杀垂，乃为市井鬻卖之行。有如嫉其宠而谮之者，岂雅德君子所宜为哉！"其实，王猛之害慕容垂父子，虽属不义，但除"嫉其宠"的因素外，也有为国计深远之意。苻坚仁而失刑，当时已留下祸患的根源，且宠信慕容垂及后来投降的前燕群臣，王猛已感觉以后乱秦者必属此辈，故为此计，也属各为其主，无可厚非。察王猛终生，智勇双全，忠信兼备，苻坚比之于诸葛孔明，虽后人未许此言，但王猛确属一个睿智而有远谋的士人。

■ 装土为粮与唱筹量沙

祖逖在崇尚空谈的魏晋时期，可谓是一枝独秀，他是个敢做敢为的人，他的北伐在历史上时间虽短，但在万马齐喑的东晋，倒也是巍巍壮举。

司马氏篡魏建立晋朝后没多久，司马氏家族内讧，爆发了八王之乱。祖逖合家南迁，在偏安于建业的琅琊王司马睿手下为官。司马氏家族的内讧导致了五胡乱华，匈奴人刘渊攻陷了西晋的都城洛阳，西晋皇帝愍帝逃到了长安。不久，刘渊又兵围长安。司马睿却不肯发兵救急。祖逖这时请求北伐，司马睿为了保有自己的实力，实在不肯出兵，但作为皇族坐视不管又说不过去，就给祖逖一个豫州刺史的虚衔，只给他一千人的口粮和三千匹布，让祖逖自己想办法筹办武器和军队。

祖逖召募了义勇两千余人渡江北上，当时豫州各地军阀割据，祖逖用计击败了占据谯郡的军阀樊雅，在河南有了一块根据地。

当时依附于羯族石勒的军阀陈川割据蓬陂，手下有一部将叫李桀。很是敬佩祖逖的为人，被陈川杀掉，李桀的亲属和部下四百多人投奔祖逖。陈川很是恼怒，发兵攻掠河南各州郡，大肆掳掠人口和财物，威胁

▲ 祖逖

着祖逖。祖逖派军队将陈川的人马打败，将掳掠的人口车辆抢回，让百姓各自回家。石勒派五万大军援助陈川，祖逖派兵奇袭，石勒援军大败，祖逖乘胜抢占了蓬陂城的东台。石勒部下的勇将桃豹据守西台，因十分顽强久攻不下，形成了同据一城，各据一端，谁也制服不了谁的相持局面。这就出现了战时一个奇怪的升平现象：祖逖的部下从东门出入办事，桃豹的人马从南门出入放牧，这样的现象维持了四十多天。双方的粮食都发生了危机。桃豹多次向石勒告急求粮，但粮食仍不能及时运来。

祖逖见粮食紧张也很着急，在这种情况下，谁得粮，谁就可获胜，粮食成了制胜的关键，他急中生智想出了蒙蔽敌人、破敌制胜的计策。他令军士用布囊装满沙土一千多袋，伪装成粮食，从东城门陆续运入搬上东台。西台的桃豹及部下自然将这一切看在眼里，士兵们处于饥饿状态，见晋兵运来了粮食，都饥不可耐地要下去将粮食抢来。他们发现运粮的晋军有十余人落在后面，将粮担放在路边歇息，桃豹便派兵去抢，这十余人见敌人杀来，就弃粮逃走，这是祖逖事先安排好的。

桃豹见抢来的十几袋粮食都是上好的白米，叫士兵饱食一顿，可心里更为忧虑害怕。认为祖逖的军队处于饱暖状态，而自己的部下却挨饿，再坚持下去，以饥兵对饱军后果可想而知，便有了弃守而去的念头，只盼着粮草早日运抵。

祖逖派出人马在城外巡弋，发现了石勒派出的运送粮草的一千余辆驴车，便抢先一步赶去把护粮的敌军杀散，将粮草全部劫回。桃豹再也无法坚守下去，连夜带领部下逃跑。祖逖乘胜出兵雍丘，直捣石勒的边境，很多豫州境内的军阀相继归降，黄河以南的大部分国土都被祖逖收复。

正在祖逖想进一步大展鸿图时候，扯腿的、使绊子的都出来了。处处对祖逖以牵制和猜忌，使祖逖的成果付诸东流，功败垂成，最后忧愤而死。

另一个巧妙蒙蔽敌人、死地求生的就是南北朝时期南朝宋国的檀道济，他的唱筹量沙之计，独出心裁，成为千古奇计。

西晋灭亡后，北魏统一了中国北方黄河流域的大部分地区。南方刘氏掌握了东晋政权，建立宋国，形成了南北对峙的局面。

宋文帝刘义隆野心勃发，试图一举统一全国，派三路大军十八万多步骑，向北挺进，攻打北魏。无奈宋国的大部分兵士将领都是银样蜡枪头，中看不中用，三路大军都被北魏铁骑的反攻打得成了缩头乌龟，宋军顿时处于劣势。在这种情况下刘义隆不得不起用受到猜忌的檀道济为征南大将军，都督征讨诸军事。可是败局已成，檀道济也无法一臂撑三军，扭转战局。

檀道济走马上任后，其他将领竟不战而逃，使檀道济变成孤军，虽然檀道济力战，经过三十多次战斗，打败了北魏的叔孙建和长孙道生部，但由于其他将领的溃退，使宋兵运到历城的粮草被劫焚毁。檀道济独木难支，也只好下令后退。有的军士投降魏军，报告檀道济粮尽，军心浮动。叔孙建和长孙道生因此率精兵合围檀道济，企图乘宋军粮尽一举将其歼灭。不料檀道济却戒备森严，军士没有任何慌乱现象。

当晚檀道济命军士核查军粮数目，一边高声念量米的数目，收发筹码，一边趁着夜色将米倒进粮囤。竟一夜之间在营中盘起了许多大粮囤。天明时，魏军发现粮囤中装满了白米，以为檀道济粮草充足，并非像投降的人所说粮草已尽,军心动摇,便把投降报信的人给杀了。

这时,檀道济又做出了一个奇怪之举,他的兵士数目较之魏军少多了,却在四面强敌窥伺下从容披甲。檀道济乘车缓缓走出军营,穿着一身白袍,神情安然,带着部队迎着魏兵进发。魏兵以为檀道济设有埋伏,不但不敢近逼,反倒收军反撤。檀道济竟带着部队不慌不忙地走出魏军的重围,未丢一兵一卒地安全撤回。等到魏军发现宋兵营中的粮囤全是沙子,只在上面撒着很薄一层米,才知上当。然而这时檀道济的兵已撤出很远。

■ 谢安用缓兵之计气死桓温

在封建官场中,经常会遇到一些非常棘手的情况。有的事本不该办,但又不能严词拒绝,拒绝则速招祸。如马上去办,则又不利国家社稷,也损害自己的名节,这时只好采用应而不办的拖延策略。谢安在对待桓温的无理请求时用的即是此术。

桓温,字元子,谯国龙亢(今安徽怀远西北)人,是晋明帝司马昭的女婿。他素有雄才大略,曾任安西将军、荆州刺史,都督荆、梁等四州诸军事之职。永和三年(公元437年)率军入蜀,灭成汉政权,声威大振,进位为征西大将军。永和十年(公元354年)统兵出关中进攻前秦,并于两年后收复洛阳。其后又曾北伐前燕,大败而归。但桓温由于三次北伐,已经牢牢控制了兵权。政局不稳之时,谁控制武装力量谁便可主宰一切。于是他专权擅政,左右朝纲,为显示自己的实力,竟于太和六年十一月己酉日(公元372年1月8日)将皇帝废掉,可见其威势到何等程度。

废帝之后,桓温更加趾高气扬,对文武公卿颐指气使,谁也不敢稍有异词。桓温紧紧控制兵权,擅权如故。

两年之后,即宁康元年(公元373年)二月,桓温带全副武装的卫队入朝。孝武帝司马昌明传旨让吏部尚书谢安、侍中王坦之到新亭（今江苏江宁县南）去迎接。当时人心惶惶，有的传言说桓温此次入京是要诛杀王谢诸大臣，然后篡晋自立。王坦之非常害怕，谢安却从容镇定，神色泰然地说："晋祚存亡，决于此行。"于是二人带领文武百官前去迎接。

桓温到达新亭，百官跪拜道旁。桓温盛陈兵卫，刀枪剑戟交相辉映，武士们个个精神抖擞，如临大敌。桓温先命众官免礼，然后步入新亭，召见百官。当时，稍有名望的人都胆战心惊，王坦之后脊梁的汗已沾湿内衣，进见时把手板都拿倒了（古代够级别的官员上朝或参加重要会议时都拿着手板，板的头上还有一裹着紫皮的白笔。此板可用来记录，也叫笏。）王坦之连笏都颠倒，真够出洋相的了。只有谢安神泰自若，入席而坐。桓温先见众人的惶恐神态，更觉气盛，越发目中无人了。但见谢安举措有礼有节，暗自吃惊，忙以礼相见。谢安进室时已发现桓温室外左右壁中都有人影，便不卑不亢地问桓温说："我听说有道的诸侯，四方自有守护者，明公你现在于壁后藏着这么些'伙计'做什么呢？"桓温笑着说：你说的有道理啊！便命令将左右壁后的兵士撤去。谢安坦然相处，与桓温谈笑风生，群臣情绪稍安。正因谢安的举动令桓愠折服，王坦之等大臣又尽心国事，桓温此次入朝未敢有非分之举。于三月十四日返回姑孰。

桓温回后，身体渐觉不适。到六月份病势渐重，想在死前获得最高的荣封，便派人到朝廷请加自己九锡之礼。其实，他也明白，朝廷中的政务取决于谢安、王坦之二人，所以，他派的人直接去见谢安、王坦之。

加九锡是古代帝王赐给建有大功或有权势的诸侯大臣的九种物品。据何休的《公羊传》注，这九种物品是，一曰车马，二曰衣服，

▲ 谢安

三曰乐则，四曰朱户，五曰纳陛，六曰虎贲，七曰弓矢，八曰斧钺，九曰秬鬯。后来，权臣在篡位之前，惯例是求加九锡，曹操就曾这么做过，所以加九锡几乎成为权奸篡位的信号，一般是不允许的。

谢安见过桓温派的来人之后，当即答复同意桓温的要求，马上责成专人起草诏书，并告诉他由袁宏执笔。来人满意返回报告桓温，桓温心中大悦，静待佳音。

袁宏本是朝中著名的才子，尤其撰写诏书最合体式，文笔娴熟，才华横溢，下笔立就。他把文章拿给王彪之看，王彪之连连赞美其文辞之华瞻。但当他把原稿交给谢安去看时，谢安多处涂改，并批示让他重写。袁宏写此类文字从未遇到这种情况，但没有办法，只好重改。交上之后谢安又批复命他重改，连续往复五六次也未写成，时间已过去半个多月。袁宏有些糊涂了，就去问王彪之。王彪之想了一想，说如此看来，可能是谢安有意这样做的，听说桓温病情日重，将不久于人世。袁宏这才明白，自然不着急了。

着急的桓温一直在等消息，但是，过了十天依然毫无动静，只是听说在修改草稿，心里虽然十分着急，又不好发作出来，导致病情变得越来越重，当桓温弥留之际，才醒悟过来，知道自己上了当，但一切都晚了，想要发兵已没有可能了，只好把兄弟桓冲找来，嘱咐过后事，便两眼一闭，一命呜呼了。

这一天是宁康元年七月己亥日（公元373年8月18日）。

■ 演技，王导独树一帜

晋于公元280年灭吴，一统天下。晋武帝司马炎死后不久，发生了"八王之乱"，使朝政陷入难以收拾的混乱局面；晋内乱的同时，以北方为根据地的蛮夷各族接二连三地叛乱，且自立为王。华北之地于是产生"五胡十六国"，这种分裂的局面为时130年，直到北魏统一为止（公元439年）。

其中匈奴族刘氏所建的汉国，占领了晋的国都洛阳并杀了怀帝，在长安继位的愍帝，不久也在长安陷落的同时被杀。自司马炎立国至愍帝被杀的期间，称为"西晋"。

在西晋灭亡的前后，中原的贵族和人民纷纷逃到远离战火的江南避难。这些人复兴了晋朝，并定都于吴国旧都建康（南京），即所谓的东晋。

东晋开国皇帝司马睿，在怀帝时被封为安东将军，到建康就任。司马睿虽是皇亲，但据说他是母亲和一个小吏私通所生的，因此一般人都无视于他的存在，反而重视那位复兴晋朝，成为东晋幕后开创者的著名宰相——王导。

1. 演技的萌芽

江南本是吴国的领土，虽然因战败投降晋国，但反抗的景象仍历历在目。如今来了一群原居北方中原的贵族，这些人和当地的望族产生摩擦是预料中的事。因时值乱世，人人都有称王的野心，所以争权夺利的气息到处弥漫。王导的一生就是在一面求得各望族势力的平衡，一面谋得东晋王朝的安定下度过的。

东晋建立之初，司马睿全靠王导和其堂兄王敦的努力才建立其权威。

这两人年轻时，曾受以奢侈著名的权贵石崇邀请，石崇宴客的方式和别人大不相同，每次宴客就令家妓在客旁斟酒，若发现有人没喝醉，那么替他斟酒的家妓就会被处死。王导酒量并不好，但基于这点，女妓每次斟的酒，他都勉强喝下。而王敦就是不喝，尽管石崇已杀了三个女妓，他仍然拒喝。王导实在看不过去，于是劝告王敦，

▲ 王导

第四章 魏晋南北朝的『门阀制』幕僚

但王敦回答道:"他要杀人是他的事,与我何干?"

王导这种谨慎和克己的个性,使他以一流的演技成名;而王敦我行我素的作风,终使他成为叛乱之徒。

2. 极力推崇皇威

公元316年,愍帝于长安向匈奴刘聪投降,翌年,司马睿在建康建立东晋,于是司马睿就成为晋室的中兴之王,是为晋元帝。

在就职典礼当天,百官朝圣时,元帝一再要求王导同席就坐,一起接受众官朝拜。王导对皇帝说:"如果万物也和日月同光,那么庶民怎肯瞻仰皇上的圣威呢?"

王导处事用心,对于元帝三子明帝也以同等之心待之。

当王敦的叛军攻入国都建康时,将军温峤擅自将皇帝巡幸必经的朱雀桥烧毁,明帝知道后暴跳如雷,但温峤却不急不慢地说道:"宫中军队不足,且援军未至,若叛军倾巢攻来,我们只有死路一条,烧毁一两座桥算得了什么?"

等明帝召集重臣时,温峤虽赴召,但拼命地吃喝,竟无道歉之意。在座三人无不屏息。正当气氛僵持不下之时,王导匆忙跑来,跑在明帝之前磕头道:"皇上威光四射,所以温峤胆怯地说不出话来,请皇上明察。"

这时温峤被王导说得无言以对,只好向皇上道歉,使皇上威信得以保全,而内乱的危机就此消除。

3. 大义灭亲

王敦又虎视眈眈觊觎帝位,将驻军迁移至国都附近的姑孰(现安徽省境内),但这次和上次不同,并没有任何出兵理由。王导始终和他的堂弟荆州刺史王舒保持联络,以探查王敦的动静,暗中备战。

公元324年,明帝接到王敦病危的消息,于是立刻派王导率兵声讨。

王导在出发前,发布了王敦的死讯,要族人服丧。各位也许觉得奇怪，王导怎能玩此把戏。因为当时资讯尚不发达，谁也不知道这是王导的计谋，因此士兵们个个奋勇，势在必得。

王敦拨五万大军给其兄王含，从建康南郊出击，王导发函给王含，劝他退兵回武昌，但王含不听，因此双方交兵于建康，结果王含大败而回。

接到败讯的王敦，气愤而死。王含带着王敦养子王应亡走荆州，于途中被杀。

叛乱被平后，按照司法的判决，王氏一族理应受罚，但明帝下诏曰："王导大义灭亲，应恕其罪至百代之后。"论功行赏时，记他大功一件，并封为始兴郡公，采邑三千户，赐绢九十匹。

4. 出色的领导能力

公元339年，王导于宰相任内去逝，时年64岁，前后担任三代相职，但没有任何私蓄，生活也很俭约，一向不在意收入的多寡，据说每到岁末，账目都一清二楚。

王导一生致力于维护晋朝的安定，并建立组织体系。为了此一目的，如何才能把立场和利害关系各异的众多成员团结起来呢？若标榜明确的指导方针，牵着大家的鼻子走，摩擦和抵抗难免产生。为了应付这种情况，他便采取出色的演技手法。

王导十分尊重每一成员的人格，和他们自动自发的精神，并培养他们报效国家的意念。

晚年，王导回顾一生，透露了他的心声——大家批评我的作风太过离谱，甚至有人说我太不成器，但有朝一日，他们会对我重估一番。

拓展阅读

贾南风专权

贾南风是贾充的女儿，贾充在建国之前，立了大功，是晋朝的开国功臣，很早就跟在司马昭身边，当司马昭犹豫不决，要将位子传给司马炎或司马攸的时候，贾充支持了司马炎。司马炎因此对贾充非常感激。后来司马炎就登基为晋武帝，并为太子挑选了贾充之女贾南风为太子妃。因为贾南风又胖又黑，武帝看了之后，心中后悔不已，不过贾南风待太子很好，也只得将就了。

太子司马衷智力低下，实在不适合继承皇位，而他的弟弟司马攸却是一位很有才华的人，很多大臣都希望司马攸继承帝位，但晋武帝执意要让自己的儿子继承皇位，大臣们也不敢多说什么。

一次，晋武帝在灵台上宴请百官，大臣卫瓘饮了数杯，借着酒力，起身到皇帝跟前说："臣有言上陈，未知圣意肯纳否？"武帝让他直言，卫瓘欲言又止，如是三次，乃用手抚床道："此座可惜。"武帝明白了卫瓘的意思，说道："公真大醉么？"卫瓘叩头之后退下了。卫瓘的意思是太子实在不适合做皇帝。这次事件过后，晋武帝对傻儿子继承皇位的心思有些动摇。后来，还是在贾南风的机智处理下，才消除了晋武帝的疑虑。

太熙元年四月，晋武帝病死，司马衷即位，称晋惠帝，立贾南风为皇后。经过一系列政治斗争，贾南风历练成熟终于控制了朝中大权。她先杀了大臣卫瓘，又逼死皇太后。她认识到主动出击才是最好的自卫。

后来司马伦等人发动宫廷政变，贾南风被废，被关在栏中。她凭栏对司马衷大喊道："陛下！你的妻子被废去，恐怕陛下也将会被废了。"司马衷这个傻瓜哪里见过这阵式，只有不应声。贾南风问发动政变的人是谁，押解他的司马同称是梁、赵二王，贾南风长叹道："拴狗应该拴它的脖子，我拴住了它的尾巴，能不被咬吗？"此时她认识到她的手腕还不够铁，从而给敌手留下了反扑的机会。可是晚了，几天后，她即被毒死。

第五章
唐代的幕僚

　　幕僚制度的负面影响，主要表现在：地方实权越来越强，中央对地方的管控范围越来越小。因此，从北齐、北周到隋唐时期，幕僚制度被逐渐废止。唐代地方最高行政机关州、府衙门都设有长史、参军、录事等官职，这些官职也号称"幕僚"；宋代各个州也专设"幕职官"。不过这些官职早已无关军事，也不供职于狭义的幕府。

第一节　唐代的方镇幕府及幕府文学

■ 唐代的方镇幕府

所谓方镇，就是指掌握兵权、镇守一方的军事长官。唐代时期，地方长官开始征聘委任许许多多的幕僚来帮助国家正常运营。

1. 辟署制的兴盛

帮助唐太宗得天下的房玄龄深明幕府的重要性，早在太宗幕下为渭北道行军记室参军时，就注意为幕府网罗人才，幕府中的人大半成了秦王府的学士。

唐朝建立时，幕府失去存在的价值，但遇到特殊情况，幕府又自然出现，如一时征战，主帅必设幕，后来因边防戍守的需要，缘边设节度使，发展到中唐时全国内地也方镇林立了，起先方镇幕府僚佐是由朝廷安排的，即使是自辟僚佐，也得报批中央。但也有例外，如韦皋、符载所著的《剑南西川幕府诸公写真赞并序》中写道："天子犹以为功重而报轻，俾作镇于蜀，得自开幕府，延纳贤隽焉。"

政府也明文规定宰相出镇"如或辟用他官，不奏亦得"，中唐后期常常以宰相出任节度使，剑南、淮南几成惯例，节度使辟置幕僚不必表奏已带有普遍性。

唐朝中期节度使或观察使不仅取代了上述军职，同时兼任州刺史，权力进一步扩大。节度、观察使兼任刺史，又是一官底下存在两套机构，其一是刺史的州府机构；其二是节度使或观察使的使府机构。当时社会动荡和军事专政是造成这种局面的根本原因。

2. 方镇幕府制度的形成

自从唐朝建国以来，各地方的番夷部落总是不时来侵犯。唐政府只好加强边塞防守，以便应付战事。有时候也有乘胜逐北，扩张领土的想法。因此，唐代天宝之后，边镇僚佐辟署制度发生变化。各地有团练防御使及节度使之属，允许配备两个判官和一个掌书记。清代赵翼在《廿二史札记》第二十二卷《五代幕僚之祸》中曾说："五代之初，各方镇犹重掌书记之官。盖群雄割据，各务争胜，虽书檄往来亦耻居人下。觇国者并于此观其国之能得士与否，一时遂各延致名士，以光幕府。"

中唐以后，节度使又因为地方军事将领管理数州的行政事务，"既有其土地，又有其人民，又有其甲兵，又有其财赋"（《新唐书》），他的权力甚大，集军政、行政、财政等权力于一身，与汉代的刺史一样，不仅设置理戎的军事幕府，还要设置理民的行政幕府，于是本已经逐渐衰微的行政幕府在唐后期再度出现并活跃起来。

节度使的权力越来越大，朝廷无法有效控制，被迫下放用人权，允许"其署官属及本路郡县官，并各任便自简择"，意思就是说节度使可以在自己的辖区内自由用人，朝廷不干涉。由此行政幕府与地方政府混为一体，方镇不仅安排幕府人员从事包括担任州县官员在内的各种地方事务，甚至把朝廷任命的地方官员也辟入幕府，使其幕府政府化，幕府人员职官化。而且他们会向朝廷举荐幕府人员，给予很好的出路。这些幕府人员在幕府中得到全面历练，有很丰富的治国经验，在朝廷当官后，

▲ 唐代官员

几经辗转，就能当个将相官职。所以当时人们把升官入职、致身卿相的捷径总结为"先辟于征镇，次升于朝廷"。由于方镇幕府成为入仕的要道，因此，想要入仕的人趋之若鹜。

由此可见，唐代的行政幕府不仅发挥了良好的作用，而且继承了魏晋南北朝时期幕府制度的特点，完善了传统的幕府制度。士人入幕是很常见的事，幕府不仅用人才，也出人才；幕府人员先有幕主辟召，之后推荐给朝廷，由朝廷给予官职；出现了新的幕称如副使、行军司马、判官、掌书记、参谋、随军、推官、巡官等；随着官僚制度的步入正轨以及地方事务的繁杂，幕府主要为地方军政长官所辟设，并起着重要的作用。

唐末，藩镇势力的强大导致中央大权旁落，将帅拥有高度自主权，各藩镇都"擅置吏"和"赋税自私"。《新唐书·藩镇传序》云："安史乱天下，至肃宗大难略平，君臣皆幸安，故瓜分河北地，付授叛将，护养孽萌，以成祸根，乱人乘之，遂擅署吏，以赋税自私，不献于朝廷。"以宋人的观点，这是安史之乱以后出现的藩镇割据自雄而导致的。

唐朝后期，方镇已经壮大，他们为了加强各自实力，都广泛招揽人才。府主为了提高自己的名声，大肆招揽名士。唐高宗时韦思谦被出为清水令，沛王府长史皇甫公义引他做仓曹参军，就曾对韦思谦说过这样的话："公非池中物，屈公为数旬客，以重吾府。"

韩愈曾在《与凤翔邢尚书书》中十分透彻地指出了府主与僚属的关系，他说："布衣之士，身居穷约，不借势于王公大人，则无以成其志；王公大人，功业显著，不借誉于布衣之士，则无以广其名。是故布衣之士虽甚贱而不谄，王公大人虽甚贵而不骄，其事势相须，其先后相资也。"

■ 唐代的文人入幕现象

唐代士人入仕的途径很多，除科举外，入幕是一条重要的途径。

在唐前期，文士入幕并不是普遍现象，设幕延纳才俊是偶然的。但到了中唐时期，入幕便成了许多士人的主要仕途经历。

唐代士人入仕的途径很多，除科举之外，入幕也是一条重要途径：一是幕府用人可以不拘资格；二是如在幕府名声大了，到了朝廷后官职会得到超迁。这给想入仕的文人一条新的道路，只要府主赏识你，不管你是否考中进士，都可以被委任担任军司马、推官、巡官的职位，虽然为虚衔，但可以作为以后转为正式官员的依凭。白居易曾说："今之俊又，先辟于征镇，次升于朝庭；故幕府之选，下台阁一等，异日入为大夫公卿者十八九焉。"

幕府制度在唐代达到繁盛，很多有名气的文人都曾入幕府担任职务，例如王维、李白、岑参、杜甫等。一般文士入幕是做判官或掌书记，掌书记是高级秘书，掌管幕府的文字工作，判官是协理府务，也有文字事务。

李白入幕是李璘与其兄争夺天下时被拉上东下的战舰的。他以为可以一展才华，实现一佐英王的抱负，"宁知草间人，腰下有龙泉"（《在水军宴赠幕府诸侍御》），自信可以"谈笑静胡沙"，却未猜透李璘的真正意图。没想到，李璘很快就失败了，终使李白晚年遭遇不幸。

杜甫幕府的生活过得很不自在，"束缚酬知己"。他自感年老体弱，忍受不了晨入夜归的生活，不得不发出"胡为来幕下，只合在舟中"的叹息（《遣闷奉呈严公二十韵》）。

唐代的两大边塞诗人高适、岑参虽然都进了边地幕府，但情形却不尽相同。高适入河西幕时已年届五十，而岑参则是在三十五六岁时就西出阳关，奔向"绝域海西头"，因此在他的诗中，有着浓重的思家恋亲的情绪也是不难理解的。

高岑入幕是在节度使制度出现的初期，以后的发展就如上面所述，整个方镇幕府出现了新的内容。唐后期文人入幕就很普遍了，戴叔伦、李益、卢纶、戎昱、李华、权德舆、刘禹锡、李翱、韩愈、韩翃、元稹、李绅、皇甫湜、司空曙、李商隐、杜牧、温庭筠、韩偓,小说作家段成式、李公佐、裴铏等,都有一段幕府生活,甚至一辈子劳累于幕府之中。

韩愈曾被宣武节度使董晋辟为观察推官,董晋死后,韩愈护丧离开汴州,不到四天,汴军叛乱,杀死留后陆长源和从事杨仪、孟叔度等幕僚,韩愈幸免一死。其后他又入张建封幕,混得并不自在,他曾作《鸣雁》诗自况:"风霜酸苦稻粱微,毛羽摧落身不肥。"这说明走方镇幕府也是得受苦甚至担风险的。

李商隐的仕途主要就在幕府。李商隐17岁就入了令狐楚的天平军节度使幕。令狐楚可怜他早年丧父,无所依托,就教他学写偶对的骈文章奏。李商隐心中非常感激,在《谢书》诗中高兴地写道:"自从半夜传衣后,不羡王祥得佩刀。"

李商隐才华出众,《册府元龟》中的《幕府部·才学篇》有记载:"商隐能为古文,不喜偶对,楚能章奏,遂以其道授商隐,自是好为今体章,博学强记,下笔不能自休,善为诔奠之词,与太原温庭筠,南郡段成武齐名,时三曼才,商隐后为河阳王茂元掌书记。"

▲ 李商隐

李商隐36岁时已经经历了20年的幕府生活,而产生了想早日结束的情绪,便写下《夜雨寄北》,其中"君问归期未有期"就反映了他的心情。加上他又入了王茂元的幕府,做了府主的女婿,从此就深深地陷入牛李党争中而无法自拔,据说王茂元是李党,而李商隐的恩师令狐楚是牛党,牛党的人自然骂他背恩。可见,文士的命运与府主的连带关系。

据不完全统计,中唐以后,曾入幕的重要作家为数当在70人以上。

第二节　唐代的著名幕僚

■ 人君的"镜子"——魏征

后晋刘昫等共同编撰的《旧唐书·魏征传太宗悼言》中，唐太宗曾感慨道："夫以铜为镜，可以正衣冠；以古为镜，可以知兴替；以人为镜，可以明得失。朕常保此三镜，以防己过。今魏征殂逝，遂亡一镜矣。"

魏征在中国历史上，可说独树一个典型——谏官的典型，成为人君的一面活的镜子，时时把人君的缺点反映出来。有时还具扩大和显微的作用，使人君惕然而惊，于是发生立刻警戒的效果。当然魏征之所以完成其谏官的功能，成为盛世的良臣，先决的条件是要有一个从谏如流的明君——唐太宗李世民。

1. 耿直朴质，待时而动

魏征长得平庸，性情又耿直，在太宗李世民的印象中，是一个属于"田舍翁"（乡下佬）型的朴质人物，不太懂礼貌。幸运的是太宗一心要做好皇帝，所以他不在乎魏征的直言，甚至粗疏无理，曾对人说："人家都说魏征举动疏慢，我但觉其妩媚。"这一点君臣间的契合，是可遇而不可求的。如果魏征遇上前代的开国国君隋文帝，性情峻急，动辄发脾气，盛怒之下，常常会亲自动手鞭打廷臣，魏征必定弃官而逃。所以终隋之世，他躲在道观内当道人，为人驱鬼做法事谋生，空负才学而不出仕，直到天下已乱，才应武阳郡丞元宝藏之邀出任记室，而且助元郡丞投李密起义阵营，把自己命运交托在乾坤一掷的革命事业上。

2. 一朝遇主，还吾五品

魏征受世民召唤时，群臣因为征曾是故太子建成的谋士，大家为他捏一把汗。

世民见征时果然责备他说："你何以要离间我兄弟！"征举止自若地回说："先太子如果早听信征的话，那会有今日之祸。"魏征确在建成前建议过防备世民。这句话倘若听在一位胸襟狭窄的主子耳朵中，必定会着恼，说不定魏征的性命难保。但李世民究竟与众不同，他不但不责怪，反改容对征礼遇，任为詹事主簿（太子府的机要秘书），连已被放逐到西康的太子中允（副秘书长）王珪，及左卫率（东宫羽卫司司官）韦挺也一并赦归。后世民接位，三人又一律被任为谏议大夫（属门下省，五品官，职司讽谏）。魏征自首次随李密归唐时就已做五品官秘书丞，其间曾沉沦敌阵，后又身牵派系之争，蹉跎岁月，九年于兹，还是五品官，其仕途之蹉跎可知。那时的房玄龄已是中书令（宰相），杜如晦为兵部尚书，都是三品官。

▲ 魏征

3. 劝主行仁，天下大治

贞观之初，天下方定，疮痍未复。太宗说："大乱之后，其难治乎？"征说："大乱之后易治，好比饥人之易食。"尚书右仆射封德彝不同意这说法，认为："三代以后民心浇薄，所以秦尚法治，汉杂霸权，欲行仁道不能见效。"而且责魏征好空论，徒乱国家，切不可听其言。征回驳说："倘人心浇薄，不复返朴，则三代以来，已成鬼魅世界，何得而化哉！"太宗卒采征议而行仁政，施王道之政，四年而大治。太宗欣谓群臣说："魏征劝我行仁义，果然大见功效，可惜封仆射已死，见不到了。"

4. 敢犯逆鳞，质后消祸

魏征对一位集权的君主，敢于直摘其过，不留情面。逢君主心平气和时，尚堪容忍，倘逢君主心中另有所蕴蓄或郁闷时，说不定激发感情，盛怒之下，惹下杀身之祸，亦是难说。唐太宗自己也曾说："我听说龙喉下有逆鳞，触之则杀人。人主也有逆鳞，卿等不避独触，敢各进封事，朕岂虑有危亡哉！"有一次太宗罢朝至内殿，面孔气得铁青，对长孙皇后说："看我不杀了这田舍翁。"后忙问谁，太宗说："魏征在朝中又给我下不了台。"后忙退下，一会儿穿戴朝服立于殿庭，太宗问："这是干什么？"后说："妾听说主明臣直，今魏征直，由于陛下之明所致，妾岂敢不贺！"太宗听后气就消了。魏征也有自知之明，一次对太宗说："陛下实导臣使言，所以敢说，若陛下不接受臣谏，臣岂敢屡犯龙之逆鳞哉！"可见魏征要琢磨君主，他也自知犯着逆鳞被杀的危险呢！真是难能可贵。

5. 载舟覆舟，民心如水

魏征使太宗绝对重视纳谏的功效，这样自己才可成为活镜子，才可操斧对准人君加琢磨。究竟魏征灌输了什么思想，使太宗无视触犯，必须纳谏。魏征常常向太宗提荀子之言。《荀子》一书上曾说："君，舟也，民，水也，水所以载舟，亦所以覆舟。"他又引孔子之言："鱼失水则死，水失鱼犹为水也。"这说明古来圣哲都重视人民——水，人民的生命安危最重要，人君等于水上的舟船，水可以载舟，亦可覆舟。人君又似水中之鱼，鱼无水不能活，水无鱼仍为水，水对鱼之重要是生命线，而鱼对水则无关宏旨，把人民与君主间的关系比喻得再恰到没有。这个道理，一反前朝隋炀帝的想法，炀帝妄自尊大，以为百姓皆其人仆，可以姿意任使，当各地民变蠢起时，他甚且嫌恶百姓太多了，杀不胜杀。这种自以为做了皇帝君临天下，就可以奴役残害百姓为所欲为的想法，是魏征一再地举前朝迅速覆灭的殷鉴，以警戒后之为君者。

■ 不在一棵树上吊死的李密

俗话说：男怕入错行，女怕嫁错郎。在封建官场中生存，如果不幸遇上一个不识人才的主子，其后果之严重不亚于入错行和嫁错郎。不但才华难以施展，仕途更是充满艰难险阻。所以与其在这棵树上一次又一次地不被认可，浪费忠心和光阴，不如转而投向另一棵更强壮的树的怀抱，以求得生存的最佳环境。

大业九年（613年），隋炀帝第二次兵伐高丽，使楚国公礼部尚书杨玄感于黎阳监运。此时，隋政已乱，天下骚动。自大业七年（611年）十月，王薄发动长白山（在今山东章丘县）首义之后，星星之火，迅成燎原之势。农民起义各地蜂起，如火如荼。早有代隋之志的杨玄感，将谋划举兵。他急忙派人入关迎接李密，为自己出谋划策。大业九年（613年）六月，杨玄感举兵反隋，李密恰于此日赶到。杨玄感大喜，向他请教计谋，倚为谋主。杨玄感此举虽事出仓促，但李密一直洞观时局，对国家大势了如指掌，加之有超人的学识和谋略，所以对杨玄感应采取的方针大计已揣摩烂熟，成竹在胸。他提出上、中、下三策，谓玄感曰："今公子出征，远在辽外，地去幽州，悬隔千里……今天拥兵出其不意，长驱入蓟，直扼其喉。前有高丽，退无归路，不过旬朔，赍粮必尽。举麾一召，其众自降，不战而擒，此计之上也。关中四塞，天府之国，有卫文升，不足为意。若经城勿攻，西入长安，掩其无备，天子虽还，失其襟带。据险临之，固当必克，万全之势，此计之中也。若随近逐便，先向东都，顿坚城之下，胜负殊未可知，此计之下也。"

李密的上计：审时度势，抓住炀帝远离巢穴、孤立无援的有利时机，与高丽前后夹击。擒贼擒王，消灭元凶，即可赢得全面胜利。此计可稳操胜券。

李密中计：抢占关中，占据险要之地，以临天下，稳扎稳打，亦可推翻隋朝。此策虽不能速战速决，亦是独具慧眼，老谋深算之计。

如果弃元凶炀帝而不攻，置关中创业主基而不取，硬攻坚城洛阳，则毫无取胜的把握。李密警告玄感："若引兵攻之，百日不克，天下之兵，四面而至，非仆所知也。"李密将其列为下计，唯恐杨玄感采取这一步棋，也是李密精明过人之处。

可惜，杨玄感既无采取上策、正面攻击炀帝的胆量，又无采取中策经营关中的长远眼光，偏偏选取了下策。还振振有词地说："不然，今百官家口并在东都，若先取之，足以动其心。且经城不拔，何以示威！公之下计，乃上策也。"

杨玄感不听李密劝谏，执意攻取东都。虽"身先士卒，所向摧陷"，起初也取得了一些胜利，人数发展到十万。但由于决策错误，不可能取得成功。七月，杨玄感至东都洛阳，围城猛攻。又抓获了隋朝的内史舍人韦福嗣，委以腹心主任。但此人狡猾，筹划军机，首鼠两端。李密提醒说："奸人在侧，必为所误。"杨玄感不听。李密激愤而痛心地说："楚公好反而不欲胜，吾属今为虏矣！"

正如李密所料，隋朝各路援军，渐集东都。杨玄感这时才看到军事形势的严重危险，忙向李密请教："玄感谓密曰：'计将安出？'密曰：'元弘嗣统强兵于陇右，今可扬言其反，遣使迎公，因此入关，可得给众。'玄感遂以密谋，号令其众，因引西入。"

事到如此，杨玄感才不得不按李密的谋划，假说镇守陇右的隋将元弘嗣遣使来迎，遂统军西向潼关。这样，尚有一线生机。但途中，杨玄感却节外生枝地硬攻弘农。李密忙谏阻："公今诈众西入，军事贵速，况乃追兵将至，安可稽留！若前不得据关，退无所守，大众一散，何以自全！"杨玄感不听。"留攻之，三日城不下，追兵至。"遂贻误了战机，招致彻底失败。八月，杨玄感被杀。

杨玄感起兵失败后，李密逃亡入关，被官府识破抓获。与同党数人被押送高阳，将由炀帝亲自发落。足智多谋的李密怎肯束手就死！"密与其党俱送帝所，谓其徒曰：'……若至高阳，必为俎醢。今在道中，犹可为计，安得行就鼎镬，不如逃避也！'"

李密想出一条妙计，众人照计而行。他让同伙把金钱都拿出来，悲切地对押送人员说："我等被处死后，烦请予以安葬，所余金钱用于报答你们的恩德于万一。"押送人见钱眼开，满口答应。见他们如此盘算后事，一意就死，并无侥幸逃生之念，就放松了警惕。出关后，对他们的防禁更为松弛。经李密请求，还允许他们买酒买肉，每夜狂饮、喧哗。押送人员喜于一饱口福，不以为意。大业九年（613年）十一月行至魏郡石梁驿，李密等更加殷勤劝饮，将押送人员灌得酩酊大醉，"密等七人穿墙而遁"，死里逃生。

李密逃亡后，到平原投靠反隋义军郝孝德等部，均未得到礼遇，遂流之淮阳。时饥荒流行，民不聊生。李密艰难备尝，以至削树取皮为食。只得变易姓名为刘智远，做乡村教师以糊口。在颠沛流离之中，郁郁不得志，但他的雄心不坠，期待着创建功业的新时机。他的行踪怪异，招致怀疑，被人向太守赵佗告发。赵佗命县捕捉。李密闻讯又一次机警地逃走。

这时，翟让发动农民在东郡瓦岗（今河南滑县南）起义，聚众万余人。大业十二年（616年）末，李密前来投靠。有人知道他是杨玄感的逃亡将领，劝翟让将他杀死。翟让将他囚于营外，即将发落，李密通过翟让大将王伯当，向翟让献策说："现在主上昏暴，民心怨愤，精兵尽去辽东，突厥反目成仇，昏君巡游扬、越，京都弃而不顾，此乃刘、项奋起的千载良机。足下雄才大略，兵强马壮，吊民伐罪，席卷二京，灭隋之业指日可待。"翟让闻言大喜，深为佩服，急忙释放，以礼相见。从此以后，李密才在农民军中得以大展雄才。

■ 李林甫口蜜腹剑固相位

李林甫，李唐宗室的后裔。唐玄宗在位四十三年间李林甫为官四十年，前二十一年中蝇营狗苟，从禁卫军官"千牛直长"向上爬行，到开元二十二年窃居相位，以后连任十九载宰辅。

李林甫"无学术，仅能秉笔"，**说话**"陋鄙，闻者窃笑"，素质十分低劣，却能官运亨通，青云直上，久居要津。主要靠他"多狡数"的政治权术和善于玩弄阴谋诡计的手腕，尤其是他善于伪装的两面派手腕，简直登峰造极。他"面柔令，初若可亲"，骨子里却"性阴密，忍诛杀，不见喜怒"。与人交往，"好以甘言诳人，而阴中伤之，不露辞色"，世谓"口有蜜，腹有剑"。一生"以谄佞进身"，"唯务陷人"，全部仕途生涯就是以"佞"起家，以"陷人"为务的肮脏史。

唐玄宗初年，李林甫"迁太子中允"，因嫌官职太小，但又"无学术"，便巴结当朝侍中源乾曜的儿子源洁，代求司门郎中。源乾曜素薄林甫，只安排为东宫"谕德"，续而迁"国子司业"。李林甫仍不满足，继续钻营。开元十四年，被御史中丞宇文融引荐，"拜御史中丞"。于是追随宇文融合伙弹劾右宰相张说，致使张说罢相。狡猾的李林甫向宇文融交换了这个筹码以后，没有再附和他们，摆脱了宇文融的朋党牵连，又钻营进尚书省，历任刑部、吏部侍郎。

八面玲珑的李林甫还善于巴结皇帝的后宫，不惜重金贿赂。当时，玄宗的美人武惠妃宠倾后宫，武惠妃的两个儿子寿王和盛王也因母宠而见爱于皇上。皇太子李瑛却渐被皇上疏远。李林甫探知内情，乘机通过宦官向武惠妃表露："愿护寿王为万岁计。"惠妃很感激，就在玄宗面前替李林甫美言。这样李林甫外有韩休引荐，内有武惠妃"阴助"，终于官拜黄门侍郎,受到"玄宗眷遇"。开元二十二年,拜礼部尚书,同中书门下三品,位列朝中三宰相之一。

李林甫被任命为宰相时,同时为宰相的还有两位,一为侍中裴耀卿,一为中书令张九龄,都是"学术博洽",敢于面诤直谏的贤相。张九龄曾阻谏玄宗说李林甫恐异日为宗庙之忧,玄宗没有听从,而李林甫则"内忌之"。"侍中裴耀卿与九龄善,林甫并疾之"。张、裴二相由此成为李林甫的眼中钉。但蜥蜴为心的李林甫很善于伪装和忍耐,尽管心中嫉恨,却夹着尾巴,玩弄善身之术。李林甫一面迎逢皇上,一面暗中寻端觅衅,排挤张、裴二相。

张九龄早年以文学被中书令张说推崇,张说曾多次向玄宗推荐他堪任集贤院学士,而玄宗对张九龄的器识、文词和风度也非常赏识,称他为"文场之元帅"。因此张说死后不久,玄宗便提拔他为中书令,成为朝政的主要执掌者、首席宰相,而李林甫也被提拔为礼部尚书,同平章事。但李林甫先前曾同宇文融一道攻击过张说,他怕张九龄向他报复,而张九龄也一直看不起李林甫的为人。因此,张九龄就成了李林甫仕途上的最大障碍。于是驱赶张九龄为他固权的第一个目标。他探知玄宗虽欣赏张九龄的文学和气度,却对张九龄凡事固执己见、不符合皇上旨意不满。他要利用玄宗对张九龄不满的情绪,攻其不备,加深君臣二人之间的矛盾,让玄宗失去对张九龄的信任,而把宠幸的砝码加在自己身上。于是他暗施阴谋,冷眼旁观,等待时机,坐收渔利。

▲ 张九龄

张九龄常在一些大小问题上同玄宗展开争论。大将张守珪任幽州节度使后，大破契丹，玄宗非常欣赏张守珪的才干，想提升他做宰相，张九龄却劝阻说："宰相一职，综理国家众务，并不是赏赐功臣的官。"因此，不同意玄宗的意见，玄宗又退步说："只是授给他宰相这个名份，不让他担任具体事务。"张九龄仍不同意，说："名与器是不可以随意给人的。"这使玄宗感到非常恼火。在讨奚、契丹时，安禄山恃勇轻进，为敌人所败，按军规应处以死刑。玄宗怜惜安禄山有才能，免其死罪，令他白衣自效。张九龄却坚持说："安禄山违反纪律，丧失军队，而且观其貌有反相，不杀必成后患。"玄宗见张九龄一再同自己作对，对他也越来越不耐烦了，但又找不到罢免他的理由。

李林甫一直都在暗中窥伺时机，终于在开元二十四年（736年）牛仙客问题上找到了促使玄宗下决心驱逐张九龄的机会。

牛仙客是朔方将领，目不识丁，但在理财方面倒有些旁门左道。玄宗一再想提拔他，都遭到张九龄的反对。李林甫乘机挑拨说："像牛仙客这样的人，才是宰相的人选，张九龄是个书呆子，不识大体。"玄宗见李林甫支持，很高兴，立即又找张九龄商议提拔牛仙客之事，张九龄还是不同意。玄宗这下可怒了，变色道："难道什么事情都要由你作主吗？你认为牛仙客低贱，你又有多高贵呢！"下朝后，李林甫又在玄宗面前离间说："只要有才识，何必考虑什么词学，天子用人，有什么不可以的。"经李林甫这么一说，玄宗心里更不是滋味，再也不顾张九龄的反对，升之为工部尚书、同中书门下平章事。同时罢去张九龄、裴耀卿的相位，任命李林甫为中书令，执掌政府大权。

李林甫最终扳倒了张九龄，如愿以偿地当上了首席宰相。

■ 心无二主的高力士

高力士于公元684年出生在潘州（广东省）。当时广东、广西岭南一带人口贩卖盛行，高力士就是那时被送入宫中的。

力士本姓冯，幼名不详，至于力士之名，其来有由。当岭南讨击使（讨伐司令）李千里得到力士和另一名小孩时，分别为他们取名为"金刚"和"力士"，献给朝廷，这是带有诙谐之意的取名法，因两人的名字合起来就成为"金刚力士"（佛法的守护神）。李千里之所以这样做，大概是为了奉承当时信奉佛教甚笃的女皇帝武则天。武后对力士的伶俐宠爱有加，留在身旁侍奉她。一天，力士犯错被赶出宫，后来成为宦官高延福的义子，经高延福的努力，一年后才使力士复任。后来他又加封冠军大将军的称号，任职位属一品官的骠骑大将军（公元748年）。可见力士的官阶已超过宰相（三品官）之职。

1. 照顾他人却不勾结党派

高力士所拔擢的人中，李林甫、杨国忠和安禄山等，后来都成为大乱的祸首。因此有人认为高力士是腐败政治的元凶。这种看法是因为他们轻视太监所致。

对力士来说，在玄宗面前为慕名而来依赖他的人美言几句，是极其当然的事。即使是今天，担任政治家的资格之一，就是多方照顾他人，更何况当时的中国，更是公然进行"斜封官"。所谓的斜封官就是用钱买卖官职，像太平公主就是靠斡旋官职而扩大势力的。

但力士始终没有结集党派，人才的推荐他不遗余力，对权势却毫无欲望，从不结交与己有关的人，借以操纵他们而左右朝廷。

2. 王室的"老管家"

玄宗称力士为"老管家"，足见他始终侍奉得体。力士一向懂得分寸，从不干预政事，但有时会因忍无可忍而直言进谏。遇此情况，不论最后的祸首是否为自己当初所推荐之人，力士丝毫不客气。

3. 坚守宦官的本分

有一次贵妃因争风吃醋而触怒了玄宗，下令要她出宫，回家闭门思过。玄宗赶走贵妃之后，寂寞难耐，常借故鞭打近侍。力士看了之后，故意奏请玄宗，要将贵妃的日常用品送回。未料玄宗竟吩咐将自己的晚餐送过去，力士伺机恳求玄宗饶了贵妃，让她回宫。玄宗立刻准奏将贵妃接回。从此玄宗一刻也不离贵妃，后宫再也无人能和贵妃争宠。

诸如此类的事件不胜枚举。但身为太监的力士，认为顺从玄宗是他的本分，且这方面的才能，无人能比得上力士。杨贵妃因没被赐死，所以回宫的那分喜悦无法形容，当然对力士的感谢之情也特别深；但力士之所以救她，只不过是为玄宗着想而已，毫无他念。

4. 为安圣上设想

自马嵬坡遇难后，玄宗和皇太子即分别采取不同的行径，玄宗照当初的计划逃至蜀地，而太子受民众的恳请，只好留在北地，聚集残兵，欲谋策反攻。

七月，太子在众臣的拥护下，于灵武（宁夏自治区）即位，是为肃宗，奉玄宗为"上皇天帝"，似乎把他置于一旁。

玄宗毫不知情，于成都接获太子登基的消息，感到非常气愤，但仍装出喜悦的表情说道："太子从民心而受天命，这是件喜事，往后万事皆无需烦忧了。"

力士在旁，声泪俱下地对玄宗说："今洛阳、长安均落入贼人手中，

▲ 高力士

人民流离失所，凡是河南、关中之地无不烽火连天。当天下万民痛苦不堪之时，皇上怎可出此气馁之语，臣不愿听这些话！"

力士是为了抚慰圣上才提出这样的忠告，避免玄宗意志消沉。

他们在成都滞留一年多之后，国都长安收复，于是玄宗在公元757年12月返回故土。

5. 全军齐呼"吾皇万岁"

玄宗回到国都之后，再返兴庆宫，乃今天的兴庆宫公园旧址。此地位于首都的东端，是当时最繁荣之区。玄宗因肃宗即位之事，心有芥蒂，不愿回长安，愿在此长住，并将高力士、陈玄礼等侧臣留在身边。当玄宗闲来无事时，常登高望着路旁的长春楼，往来的民众抬头望见玄宗时，莫不呼"万岁"。此楼亦常设宴邀请谒见玄宗的将军和宫吏。

利用肃宗而获得权势的宦官李辅国，深怕玄宗将皇位要回，好不容易得来的政权很快便化成幻梦，所以趁肃宗卧病时，假传圣旨要玄宗回宫，当玄宗一行人来至睿武门时，忽被手拿弓箭的五百士兵包围，玄宗惊吓得险些坠马，李辅国这时率领数十铁骑出现，说道："当今圣上认为您所住的兴庆宫太过破旧，欲接您回宫中同住！"

力士厉声下令李辅国下马，李辅国却不动声色地说道："跟你这老头说也说不清！"

接着砍死一名玄宗的侍从，力士对于这样的威胁一点都不惧怕，大声向士兵说："皇上愿诸将安泰。"

士兵们应声把刀放下，齐声高呼"吾皇万岁"。李辅国不得已下马，为玄宗拿马鞭，引至甘露殿，等候玄宗回宫的侍从和宫女全为老者，玄宗握着力士的手说："若没有你，朕早一命呜呼了！"

只是，直到肃宗之子代宗时，高力士这片忠诚之心才被肯定，遗体葬在玄宗之墓陵之旁，永远陪伴着玄宗。

■ 郭子仪小心驶得万年船

唐德宗建中二年六月辛丑（781年7月9日），唐汾阳忠武王郭子仪死去。史家对他盖棺之论云："功盖天下而主不疑，位极人臣而众不疾，穷奢极欲而人不非之，年八十五而终。"

安史之乱爆发后，郭子仪率领朔方军（驻今陕西靖边县境）从北线进攻安禄山，此后屡立军功，先后以功进位司空、代国公、中书令、汾阳郡王，唐德宗即位后号为"尚父"，进位太尉、中书令。唐肃宗李亨曾对他说过："虽吾之家国，实由卿再造。"意思是，李唐的天下是因郭子仪之功失而复得的。

古往今来，功高震主而被奸臣谗陷、被人主疑忌不得善终者不可胜数。但郭子仪以塞天地、造乾坤之功立身朝堂二十多年，位极人臣，安享穷奢极欲之福寿，同僚不嫉妒不诋毁；肃宗、代宗、德宗三个皇帝更迭，却没有一个皇帝疑忌他。

▲ 郭子仪

人们对他不嫉不非，与他待人宽和诚实有关。这里只分析他"功盖天下而主不疑"。要使皇上不疑忌，首先必须自己忠诚于皇上。

郭子仪对李唐的忠诚有几个典型事例。

唐代宗广德二年（764年）底，唐代宗因郭子仪功高，要给他加"尚书令"的头衔。这"尚书令"是无比显贵的官衔。唐时中央机关有"三省六部"，其中尚书省统领百官，其首脑为"尚书令"。唐太宗李世民未做皇帝前曾做过此官，此后此官一直空缺，直至唐代宗儿子雍王李适立为太子之前，因曾立有大功，才一度加此头衔。

面对这无比的荣耀，郭子仪却诚恳固辞，唐代宗只好作罢。不用说，郭子仪这种谦恭识大体的做法，使唐代宗衷心赞许。

郭子仪的忠诚还表现在他被人谮毁时从不抱怨并绝对服从皇帝的调遣。《旧唐书》本传上说："前后遭罹幸臣程元振、鱼朝恩谮毁百端，时方握强兵，或方临戎敌，诏命征之，未尝不即日应召，故谗谤不能行。"

这里所说的"诏命征之"，是皇帝对权臣特别是拥兵的权臣常用的一种考验手段，就是看那拥兵在外的权臣是否能丢下部队亲自立即奔赴皇帝这里。如心中有鬼，就会不离兵营帅府拒不赴召。但郭子仪表现得坦荡无私，一见召他觐见的诏书，立即放下自己做的事，马上去见皇上。这样时间长了，次数多了，皇上自然就不疑忌他了。那些挑拨构陷的谗言也就失去作用了。

还有一次，唐代宗大历四年（769年）正月，郭子仪入朝。宦官头目鱼朝恩迎接郭子仪并请他顺路漫游他自己建造的章敬寺，无非是想炫耀一下自己建寺之功，朝廷中另一权臣无载唯恐鱼朝恩和郭子仪乘此机会相勾结不利于自己，便悄悄派人请郭子仪的属官转告郭子仪说，鱼朝恩可能要在寺中谋害郭子仪。郭子仪不相信，那个属官出于对主人的忠诚，告诉了郭子仪手下众将，武将们要求派三百人内穿铠甲保护郭子仪，郭子仪正义凛然地说道："我是国家的重臣，鱼朝恩如果没有皇上的命令，怎么敢害我？如果他有皇帝的命令，你们披甲执刀保护我又有什么用，难道你们要违抗圣旨吗？"于是只带几个家僮前往。

鱼朝恩见郭子仪随行人员特别少，很是惊奇，郭子仪将事情如实说出，并且说，恐怕带的人多您要杀我太费事。鱼朝恩感动得涕泪交流，握着郭子仪的手说："您若不是忠诚长者，能不起疑心吗？"

从这件事上也可看出，如果皇帝要杀郭子仪，郭子仪是不会反抗的。

这在当时的社会里，是一种忠臣的品格标准。

在皇帝面前，郭子仪不但屡次谦恭辞去官爵，还总是表现得毕恭毕敬，诚惶诚恐，从不敢居功自傲。

郭子仪的第六个儿子郭暧娶唐代宗的第四个女儿升平公主为妻。大约在唐代宗大历二年（767年）二月，小夫妻吵嘴，可能是升平公主言语之中说自己是公主，出身高贵，郭暧气怒之下说："汝倚乃父为天子耶？我父薄天子不为？"意思是说，你仗恃你爸爸是皇上吗？

这种"比父亲"的吵嘴，在当时社会里，郭暧的话实际上犯了对皇上"不敬"的大罪。当时升平公主一气之下坐车跑到宫中告诉了唐代宗。唐代宗倒是明白事理，安抚公主道："此非汝所知。彼诚如是，使彼欲为天子，天下岂汝家所有耶？"意思是，这件事你是不明白的，他说得确实对。如果他们想做皇上，天下早就不是我们家的了。当下劝公主回到郭家去。

郭子仪知道了这件事，马上认真起来，将郭暧囚禁，押到朝堂待罪，唐代宗说了一句名言："鄙谚有之：'不痴不聋，不做家翁。'儿女闺房之言，何足听也！"郭子仪见皇上不肯处治郭暧，回府后自己将郭暧杖罚数十。这件事表现出唐代宗对郭子仪的深信不疑和宽容大度，也可看出郭子仪对皇帝的忠诚。

正是因为如此忠诚，郭子仪才不遭主疑荫及子孙。

■ 投其所迷，诸葛殷装神骗高官

唐朝末年，淮南节度使高骈是位拥有重兵的大将。此人非常迷信，专信一些邪门歪道，尤其相信神仙之术。因此一些讲神仙术的人便利用这一点行骗以求进身。诸葛殷得到高骈的信任就是利用了这一点，而诸葛殷的进身又全凭吕用之的妙计。吕用之是个江湖骗子，因为坐妖党之罪逃亡在外，知道高骈信神仙，就来拜谒。这吕用之是个说客，善于谈天说地,口若悬河,滔滔不绝。又说自己能掐会算,可以上通天帝,能预知未来之事,高骈深信不疑,委以要职。

诸葛殷是吕用之的好友,二人沆瀣一气,狼狈为奸,相互配合得很默契,在一起已多次行骗。诸葛殷其貌不扬,个矮貌丑,更令人作呕的是浑身是疮,人们一看到他就会起一身鸡皮疙瘩,所以从未受到过重视。吕用之得到高骈信任后,就把诸葛殷找到家中,二人商量好了一条进见高骈的妙计。

第二天早晨,吕用之去见高骈,面带诧异而又兴奋的神情,神秘地对高骈说:昨天晚上玉皇大帝托梦给他,告诉他说因为高骈军务过于繁忙,缺少人手,玉皇已经停止了自己身边的一位神仙的工作,把这位神仙派到凡间来辅佐高骈料理军政,希望高骈要好好对待他。如果想要让他在府中长期留下的话,就应当委任以重要的职务。又说这位神仙当在次日竿后申酉之交的时辰到达幕府。说完,吕用之又把即将要来的神仙外貌大体上描摹了一番。这种骗局恐怕连小孩也会识破的,但高骈却深信不疑,让手下人准备好房间,清扫了内外的卫生,等待着神仙的到来。

竿后申酉相交之时,也就是现在的五点钟左右,门外果然有人求见,高骈连忙请进,盛情迎接。只见来人身材矮小,相貌丑陋,鼻歪口斜,满脸黄皮疮,不时地往外渗脓水。高骈一看相貌,与吕用之说的十分相像。"骈大惊,号葛将军,其阴狡过用之远甚"。这诸葛殷口才利落,诡辩风生,佞词泉涌,先自我介绍一番,把在玉皇大帝身边的工作情景描摹得活灵活现,又说玉皇如何看重高骈的才干,夸奖他对神仙的忠诚笃信,把个高骈哄得晕头转向,乐得张大嘴合不上,立刻任命他掌管盐铁之职,实质上就是把高骈辖区的财政大权交给这玉皇大帝派来的神仙。

高骈最爱清洁,他的子侄外甥等都很难见到他,更不用说同桌而食了。但这位诸葛殷却受另眼看待，时常受高骈的照顾和款待。这位小神仙满脸淌黄水，浑身都是牛皮癣，两只小手不停地抓这搔那，身上头上不时的飘起落下细微的小雪花，满指甲都是脓血。可这位嗜洁成癖的高骈不但不嫌弃，反而以为是神仙故意用形体的缺欠来考验他的诚心。所以他经常与之促膝而谈，同桌而食，还不停地用筷子给这位可敬的"神仙"夹菜。这时，高骈养的几只爱犬闻到诸葛殷身上的腥味都跑来围着他摇头摆尾，有的嗅嗅手，有的舔舔脸，对他似乎十分亲热。高骈心中纳闷，只见诸葛殷若无其事地摸摸这个，拍拍那个，好像与这几只狗都很熟悉，面带诡秘地微笑着对高骈说："这几只犬都是天上的神犬，在玉皇大帝面前经常见到我，跟我特别熟。它们先来到人间帮助将军，别来几百年还没有忘记我，一见到我还是这么亲热，到底还是神仙界中的生灵啊！"高骈见状，更是大喜过望，对诸葛殷更是敬之若神了。诸葛殷也就利用高骈的昏聩愚昧以售其奸。

"祸患常积于忽微，智勇多困于所溺"，这是欧阳文忠公的明言。人若在某一方面有所溺则必为人利用。高骈之所以屡次上当受骗，不也就因为他为"神仙"所溺吗？其实诸葛殷和吕用之安排的这些小把戏并不难识破，做梦梦着神仙暗示奉来就荒诞不经，而且还把时间、形象说得那么清楚，不更说明是事先编造的吗？若高骈稍加分析，调查一下两人的履历，骗局不就能揭穿了吗？

拓展阅读

唐太宗用计识别忠奸

　　唐太宗听人报告说：尚书省各署的令史中，许多人都在接受贿赂。太宗想搞清楚谁在受贿，就秘密派遣左右亲信给令史们送贿赂。大多数人都拒收，但兵部司门的一个令史都把送来的一匹绢收下了。太宗得报，就要下令杀这个令史,却被裴矩挡住了。裴矩说:"陛下以送贿方式去试探人,回过头来又要杀人。用诡密方法陷人于罪,这恐陷不是孔夫子'导德齐礼'之义罢!"太宗闻言,也就免去了令史的死罪。

唐太宗所用的就是辨奸术,其中又使用了暗探术,是两术的合用。作为帝王,他当然不应如此做。

但唐太宗的确长于用术,完颜雍说他多权谋,确实不冤枉他。有一次,太宗领着几个随从来到一棵树下,诡赞说:"真是一棵嘉树啊!"旁边的宇文士及顺着太宗的话音,对这棵树赞不绝口。太宗忽然板起脸说:"魏征曾经劝我疏远佞臣,我一直搞不清佞臣是谁。一直怀疑是你,但没有证实。今天看来,你就是佞臣。"好在宇文士及是个见风使舵的好手,受责之后急忙叩头谢罪,并大讲了一番"佞"的好处:"陛下面见群臣,他们面折廷争,常使您抬不起头;我在陛下左右,如果不多些顺从,您贵为天子,无人附和,那多无聊么!"太宗这才释怒。

帝王可以用术辨奸,考察臣下是否忠诚——尽管常常遭到反对,这是问题的一面。问题的另一面,就是臣下也会用此术辨别他人是否忠诚。从韩非的立场出发,这已经是术的不幸了,但它却确实存在过。

第六章
宋、元幕僚的"任命制"

　　由于唐代的方镇幕府政治盛行给国家社稷带来了巨大危害,鉴于此,宋元时期,开始对幕僚制度进行改革,首先是从"方阵幕府"到"任命制度"的巨大转变,让幕僚能够更加适应当时的社会情况。本节还列举了宋元时期的著名将领以及为人所不耻的秦桧等亡国贼,全方位地分析这一时期的幕僚情况。

第一节　宋代的幕僚

■ 宋代幕僚制度的改革

北宋建国后，太祖赵匡胤吸取唐末五代藩镇开府造成国家分裂、中央大权旁落的深刻教训，加强中央集权，抑制地方行政的幕府发展。为进一步强化中央集权，专门针对幕僚现象订了个制度，将聘用方式由自辟改为中央任命，把唐代已成体系的幕称编入职官系统，成为幕职官。从数目无定改为员额限定。无论哪一级衙门，凡记室（秘书）、参谋一类幕职，概由朝廷委派，不许主官私聘。从此，幕僚又还原到正官系统内。

除此之外，宋代幕僚制度的最大变化是削弱幕僚地位，以前那些可以取代正官、决策政务的功能，转为只能协助官长管理行政。如此一来，那种政出幕府的现象也不存在了。虽然幕府人员的决策、参谋

▲ 宋代官员

功能受到削弱，却大大增强了其行政管理职能；幕职官只能是由朝廷委派，并向中央负责，因此幕主与幕府人员之间的依附关系遭到破坏，这样不仅杜绝了地方长官与幕府人员勾结与中央抗衡的可能性，也根除了幕府人员侵代、架空正规官员的弊端。

至此，幕僚渐次与官长脱钩，成为幕主之佐治人员而定型下来，宋朝统治者"革五季之患"的目的基本达到了。

1. 宋代幕府制度的发展轨迹

从宋朝以前历代幕府制度的发展轨迹来看，幕府最初在军事系统中出现，其后才向行政系统的方向发展，于是就产生军事幕府和行政幕府两种类型。在政局稳定、天下和平时期，这两种幕府都默默无闻；当政局动荡、战争不断时，这两种幕府往往合二为一，幕府人员非常活跃，幕府制度也得到较大的发展和完善。

不难看出，传统幕府制度主要是在后一种情况下奠定的，具有下列特点：第一，幕主具有用人自主权，能够广开幕府，辟用贤才能人作为自己的佐僚；第二，入幕之士被辟署后，幕主总要奏闻朝廷，为他们谋取官衔，虽然那只是一个虚职，但毕竟处身官僚体系之内；第三，幕府人员以幕主授予的幕职在幕府中供差遣，与幕主既是主客关系又是僚属关系；第四，幕僚深受宠信，可以代表幕主行事，尽管品秩卑微，可地位显赫，权力很大，往往架空正官，取而代之；第五，幕僚运筹帷幄，出谋划策，以政务性工作为主。

2.《册府元龟·幕府部》

《册府元龟》简称《册府》。公元1005年，宋真宗赵恒命王钦若、杨亿、李维等15人纂修历代君臣事迹，成书后赐名《册府元龟》，以此作为君臣"史鉴"。

《册府元龟》这部宏篇巨著中专设了《幕府部》，对从远古到五代这一漫长的历史过程中所出现的幕僚代表人物和历经的幕僚工作做出分析、研究、处拾、梳理和归类，并且还要按宋真宗的要求，逐一说明其"史鉴"之处，这种"史鉴"的理论阐述，又要成为每一门类文字上的统领。

《幕府部·总序》中开篇明义指出："周礼六官六军，并有吏属，大则命于朝廷，次则皆自辟。除春秋国有军司马、慰侯之职，而未有幕府之名，战国之际，始谓将帅所治为幕府。秦分天下为郡，属官有丞，边郡有长史主后。汉丞相三公开府，置椽史司隶，刺史有从事史，佐京尹守相有椽史曹属，皆幕府之职也。"

《册府元龟·幕府部》在记载幕僚活动的同时，还对幕僚的工作进行了理论阐述。例如，它提出古代幕僚辅助工作的三大要项：一是献策，二是弥缝，三是规讽。

所谓"献策"，即今天的"参谋"，它提出幕僚应做到"参议正典，经纶戎务，决机制胜，料敌应变，虑必周物，举无遗策"。

所谓"弥缝"，是指弥补主官的失误。它认为幕僚要善于"辨刑章之枉，则释其非辜；陈政事之失，则救其不逮。乃至转祸为福，知所去就，殉公灭私，不畏强御。竭虑而纳忠，尽规而补过，用能弥缝其失"。

所谓"规讽"，是指幕僚要敢于规劝主官的过失。它提出，当主官"政或未臧，事有过举，或失仁而趋利，或凭势以纵欲，则必激切忠告，奏记尽规，谕以正道，革其非心"。

■ 刘锜的军旅悲歌

南宋末年，因为上位者多非贤明之人，因此造成的怀才不遇之人有很多，其中最具代表性和最具悲剧色彩的就是刘锜。

南宋朝廷自从秦桧担任宰相后，主战派遭受打击，遂主张和议而后成功，南宋给金国进贡大量岁币和岁绢，金国才答应归还河南和陕西。可是南宋派去的官员刚到，就不幸遇上金国内主和的大臣挞懒被杀，金兵又重新收回了之前答应归还的河南和陕西。南宋派出的多半守将投降，金兀术的大军迅速占领汴京，向南攻进。

当时刘锜被封为东京副留守，他带领部下3.7万多人和家属走了两千多里，到达顺昌时，接到金兵毁盟南侵的消息，此时金兀术已在汴京站稳了脚跟。

顺昌城中粮食储备充足，刘锜与部下商议战守之计，部将多数主张以精锐殿后，步骑保护老小退回江南。他告诉大家，全军携老弱而来，一旦撤退势必混乱，敌人的骑兵追上来，很难保全。不如在此努力一战，于死中求生，要活命必须打败金兵。刘锜说："汴京虽然沦陷，但幸亏我军到达这里，而且有城可守，**粮草充足**，我已经决心驻守，有敢再说退者斩首。"

刘锜为了杜绝将士侥幸逃走的念头，下令把来时乘坐的船只全部凿沉，使将士死心塌地守城。又让兵士搬运干柴，将自己家属所住的屋子各处垛满，对部下说："一旦战败，就放火焚烧，不让全家落入敌手。"何其悲壮的决心！

刘锜誓以必死之志，激励了斗志，全军上下男子战守，妇女磨刀剑，争欲上阵杀敌。

顺昌城池残破，刘锜用城里的大车和拆下的门板加固城墙，把城外一千多户民宅烧毁，以免金兵利用这些房屋攻城。刚刚准备完毕，金兀术的前锋大将韩常已逼近城下。刘锜派出

▲ 古代战争攻城图

千人设伏劫营给金兵来一个下马威式的痛击,首先打击了金兵的锐气,增强了将士战胜金兵的信心。

刘锜虽带领三万多人,但其中近一半是随军家属,能战之人不过一万八千人。而金兵四万精锐兵临城下,刘锜命令把各座城门打开,金兵反倒不敢进入。在以后的战斗中,刘锜多次获胜,金兵退到二十里外结寨。刘锜命五百壮士趁夜破营而入,当晚下大雨,敌兵又败退十五里。刘锜又派一百人潜入敌营,命每人口含竹哨,一时间敌营中哨音大发,金兵在新败之后,更加惊慌,百人哨音相和,忽聚忽散,在雷雨闪电中看到金兵就砍,闪电停止又都伏不动,骚扰得金兵不辨敌我,自相残杀,到天亮时,远撤到老婆湾,已经弃尸遍野。以小儿竹哨扰敌是一奇,百人杀退强敌数万又是一奇。

至此,金兵从一开始即遭伏击,接连又被刘锜以怪计袭扰,弄得金兵胆战心惊,蜷伏在老婆湾不敢动。金兀术得到败报,立即挥军南下,急行军到达顺昌,金军在同南宋军队的战斗中,很少失败,宋军往往不战即降,金兀术从快马报信到招集大军南下到达顺昌前后不到七天,可谓行军神速,也反映出金兀术的震惊。

这时,顺昌城内的宋军许多将领主张乘胜撤退。认为金兵强大,难以抗御,败了反而前攻尽弃。

面对军中再次抬头的畏敌情绪,刘锜再次鼓舞士气,讲明一旦撤退,被金兵追上,老少先死,并且两淮地区将全部沦陷。再次号召"背城一战,死中求生"。

金兀术查看顺昌城,见城墙矮陋,说:"这城墙一脚就能给踹塌。"责怪部下久攻不下。部下说:"今天这支南军,可不比往昔的南兵可比。"金兀术不信,宣布攻进顺昌城,金帛子女可以任意掳取,男子长者全部杀死。并折箭为誓,用以鼓舞士气。

刘锜这时再出奇计,为了骄敌,派帐下小校曹成两人随一队侦察骑兵伪装成探路,遇到金兵追赶就故意跌下马来让金军俘虏,并告诉他们如果金兀术讯问,就说刘锜不过是官宦子弟,喜欢声妓玩乐,朝廷是因为两国和议,才派往东京享乐。又告诉两人,只有这样说才不会被杀。

两人被俘后按计行事,金兀术果然喜而不杀,下令攻城不用撞车炮具,让两人带回文书一卷。刘锜怕动摇军心,看也没有看就烧掉了。

刘锜想把金兵引到颍河南岸决战,这样离城近而金兵离营远。便派人约战,说:"太子如敢过河,愿献浮桥五座,济河大战。"金兀术痛快地答应了。

第二天,天明以后,刘锜果然在颍河上架起五座浮桥,金兵分五路过河。

金兀术部下有两张王牌:一是"铁浮图",二是"拐子马"。所谓铁浮图,就是三千牙兵身披重铠戴铁兜鍪,三个为一组,用皮绳联结在一起,只能前进,不能后退;"拐子马"与此类似,就是将铁骑连在一起,冲锋陷阵成排出动,如铁壁坚墙,所向披靡。

刘锜针对这两支怪兵,安排长枪大斧短刀,命令军士不得呼喊鼓噪,以免乱喊泄力,只一声不响地拼命向前直砍。以长枪大斧对付"铁浮图",长枪挑其兜鍪,大斧断其臂劈其首。金兀术的两张王牌遭到大败。战至天黑,刘锜命军士将事先准备好的拒马木迅速运出隔开战场,给将士送来饭菜饱食,而金兵距营较远,无法进餐,宋军吃饱,搬开拒马木再战,金兵大败。宋军终于以五千兵士,摧歼十余万金兵。刘锜死中求生,以不可胜之势而获大胜。

后来,完颜亮南征,列举南宋诸将,问谁可当之,提出的姓名即有人回答,提到刘锜,都缄默不语,完颜亮叹息道:"看来只有我才能和他匹敌了!"其实他说这语实有抬高自己之嫌,想金兀术不比完颜亮有能耐,还不是败在刘锜手下?

但就是这样一位战将，为南宋立下奇功，以后却大受疑忌，郁郁不得志，最后呕血而死。一代名将就这样殒落了。

■ 深揣帝意，秦桧位至权相

秦桧这个人在历史上的名声非常臭。但他却得到了宋高宗的加倍宠幸，这并不是因为高宗不能明辨是非，而是秦桧自有一套揣摩上意的技巧。

秦桧，字会之，江宁（今江苏省江宁县）人，进士出身，早年担任谏官和御史中丞，很能坚持正义，曾以不怕被杀的精神率先反对金兵立的伪皇帝张邦昌，被金兵点名索要扣留，随被俘的徽、钦二帝拘禁于韩州（今辽宁省昌图县）。听说高宗即位，宋徽宗亲自作书请求议和，让秦桧润色修改，金太宗完颜晟赏识其文才，便把秦桧赐给其弟副元帅挞懒军前效用，在军中曾为金兵起草过征讨宋室的檄文。

后来，秦桧偕妻子从金国乘海船回到南宋京城临安（今浙江省杭州市），恰是张浚大败于陕西，韩世忠大败于黄天荡，金兵势盛，宋室迫蹙的时候。所以他面见高宗，即大受赏识，被升为礼部尚书。

高宗说："桧朴忠过人，朕得之喜而不寐。"秦桧又传达了被囚于北国的徽、钦二帝和高宗母亲韦太后的消息。

秦桧的权智，在于他首先取得了高宗和执政大臣的好感。当有人对他夫妻二人，历经路程两千多里，毫无伤损感到怀疑，并认为显然是金人放回来的奸细，舆论大哗时，就得到了高宗和宰相

▲ 秦桧

范宗尹的保护，为其洗白。再加上秦桧又有强节不屈的历史，很容易就把风波平息下去。

以情理判断，秦桧是不可能如他自己所说的杀掉看守的金兵，跋涉几千里而又不受追击地逃回。因此，他负有金国挞懒等人交给的使命，是无须质疑的。

从此以后，秦桧坚执和议，毫不动摇，不惜采取一切手段扫清障碍，所提出的条件又同金国符合，也足可证明他是被金人有目的地放回。

他采取的第一步谋略，是夺取执政大权。他依附宰相范宗尹，于到临安后的三个多月便被授入内阁，授为参知政事（位同副宰相，正二品）。随即他便计排范宗尹，以支持直谏的面貌鼓动范宗尹出面矫正徽宗时期滥加封赏的弊病。高宗持疑议，范宗尹力争，他却转而站在高宗一边，指出这一做法失策，不仅有侮于先帝，也会扰动人心，使那些被封赏的家族不满。

范宗尹因此被排挤掉了，继之秦桧向高宗建议，用"内修外攘"之计，派另一位宰相吕颐浩到镇江督兵。两相分任内外，有利于中兴，这样他便专理内务，成为独自掌握朝权的执政宰相了。

在此情况下，秦桧却犯了个错误，过急地要把权力集中起来，把主战派从重要岗位上拿掉，以至引起众多人的警觉。吕颐浩也醒悟到自己上当，专程从镇江赶回，谋划驱逐秦桧，并很快地抓到了把柄。

宋室南迁，很多人包括百姓都逃往江南，致使河北境内人丁稀少。金室把归还河北人口作为和议的重要条件，秦桧附和金廷，提出"北人归北，南人归南"以利于和谈。吕颐浩组织人公开弹劾秦桧阻止恢复、培植私党。又使人密奏秦桧要把所有北方人送往金国，秦桧自己是南人，其意不测。

事情危及高宗，因此高宗不悦，说："桧言南人归南，北人归北，朕北人，将安归？"即降旨罢免秦桧，以观文殿学士衔提举江州太平观（安排高职官员管理庙宇的闲差），并申明以后"终不复用"。

秦桧这一跌，跌得很重。在秦桧被黜的五年多时间里，主战派抬头，高宗也曾受到鼓舞，亲征进至长江南岸。然而在有志无谋的张浚主持下，错置对方，寸土不曾恢复，又失落了关陕和河南的疆域，死亡和消耗，为主和派的重起提供了依据和口实。

以个人的素质和计谋论，秦桧确有其独有的长处。他没有像主战派那样脆弱和负气，一经挫辱便慷慨流涕，短叹长吁。他以坚忍的耐力重新取得众多人的好感，仍目标坚定地窥取相位。他为自己创造的外在形象竟使主战派的首领张浚、赵鼎都给以信任，愿与共事。高宗不知不觉地放弃了永不任用的御笔判决，从无所事事的闲职改为绍兴知府、侍读，行宫留守，权赴尚书、枢密院参决庶事，最后受张浚荐引任为枢密使（掌军国机要，从一品）。秦桧以不懈的努力和坚忍的韬晦之计又重归相位。

秦桧随后又左击右排，从张浚和赵鼎手中夺取首相之位。对赵鼎说"上欲召公，而张相迟留"。借赵鼎之力将张浚压得一蹶不起，罢为闲职。又用欲取姑予之计，对赵鼎做出事事顺从的样子，赵鼎素来厌恶秦桧，"由是反深信之"。（《宋史·赵鼎传》）

高宗无子，收养了两个同姓子侄做后代。秦桧秘密建议先不忙于立太子，免得高宗的妃子一旦生下亲子反而引起麻烦，深合高宗心思。但他背后却鼓动赵鼎力争早日建立皇储，使之触动高宗的忌讳遭到罢免。张浚与赵鼎晚年在福建相遇，"言及此，始知皆为桧所卖"。然而悔之晚矣。

■ 促其内乱，金章宗智驭宋廷

金章宗完颜璟，在金国九代君主当中最有智慧，他用令人佩服的预见性，稳善部署，以战迫和，促使宋廷加速内乱。他取得宋金第三次议和条款，竟完全如他所预料的那样大获成功。

金国到完颜璟之世，力图拨乱反正，振作中兴，但北方蒙古族铁木真已经崛起。他在不利的形势面前采取明智的国策，南联宋廷，北拒强虏。

所以他派出的使者从南宋回来，报告说宋权臣韩侂胄正在厉兵秣马蓄谋北侵时，他竟以饶有大智的姿态，将使者杖笞五十，降职处分，希望以这一行动感悟宋廷，放弃甩兵。

而南宋的使者返回，却纷纷献计，并夸大金国为蒙古骚扰，民不聊生，仓库空虚的困境，迎合韩侂胄，以求加官赏赐。

韩侂胄官位太师，职位之高群臣莫比。他的童子师陈自强投靠他，就被封为右丞相，陈自强称呼他为恩主或恩父。宋太祖赵匡胤的九世孙赵师择，陪韩侂胄在新建的山庄中玩耍，韩侂胄说可惜缺少鸡鸣狗吠的声音，赵师择便爬到篱边，学作汪汪狗叫，哄得韩侂胄大笑，封他为工部侍郎。由此二例，可看出韩侂胄的权势之大。

势焰熏天之余，便在一些亲信和朝臣的鼓动下，要建立盖世之功名，决定对金国用兵。

他并无计谋，又无才学，首先采取小打小闹的方式命军士突过边界发动袭击，以窥测金兵的实力。

金章宗完颜璟对宋廷的举动全部掌握，不仅有边境情报，并捕获了韩侂胄派出的间谍。但他还是想和解了事，免起干戈。派使者到宋责问无故兴兵败盟，要求停止启衅。韩侂胄回答不过是边臣生事而已，已经作了处置，想以此小计来蒙骗对方。

宋兵再次越界，分几路攻入陕西秦州、河南巩州、安徽定远等处。完颜璟再次派使持国书要求停止侵境，息兵罢战。并在宋使陈景俊到达金国的时候，即严肃又和婉地指出："两国订有盟约，世为叔侄之国，朕遵守至今，而宋却屡次犯我边境。宋说已罢黜生事的边将，朕即将派出的人马撤回，不料侵境之事更甚于前。朕为和好日久，委曲涵容，卿归国当如实言明，朕无意于用兵，故再三申谕。"

韩侂胄不明白金主既含有诚意，也含有示弱骄敌的计谋，却以为人家懦弱可欺，多次边界试探性的入侵都占了上风，便定期大举北伐。

他采取的措施是追封岳飞为鄂王，以示崇扬抗金，激励诸将。削夺秦桧王爵，更谥号为缪丑，向反对他用兵的人加之颜色。又让宁宗降旨封自己为平章军国事，以前执宰相权的大臣都封为平章事来处理国事，他增加了"军国"两字，更便于他直接控制军队指挥战争。

监察御史娄机等人知道韩侂胄用兵必败，极力谏阻。说如今士卒骄逸，财用不足，万一兵连祸结，将难以收场。又指问今日动兵，谁可为大将，谁可为计臣？韩侂胄与其亲信苏师旦、邓友龙都回答不出。

公元1206年6月14日，宋廷在韩侂胄操持下正式降诏伐金。在降诏之前，韩侂胄以不宣而战的方式，抢取了泗州、新息等四地。韩侂胄以为得计，可按日计程北进，收取光复大功，才正式下诏宣战。

完颜璟早有准备，故意放宋军入境小胜，使宋陷入正式宣战背盟的境地，然后以数路大军予以反击。乘宋军小胜即狂，陷其于毁约败盟之地，再一举反攻，兵分九路，逼江迫盟。

完颜璟对整个战局和宋廷状况的把握，可谓深入细微，算无遗策。他派人面谕布萨揆说："昔所书三事付卿，以今事势计之，径渡长江亦其时矣。淮南即为我有，以江为界，理所宜然。如使赵扩奉表称臣，岁增贡帛，缚送贼魁，还所俘掠，亦可罢兵。"

他算计好了打到长江北岸之后，宋廷只有两条出路，一是以长江为界，二是奉表称臣，增加每岁贡献的金帛，交还俘掠，把发动战事的贼臣绑缚献出。

其中很关键的一条是通过逼迫宋廷交出韩侂胄促其内乱。然后再通过杀掉韩侂胄向宋群臣示以警诫，使之今后无人再敢计议伐金，解除其南境的威胁。又布置布萨揆："宜广为渡江之势，使彼有必死之忧，然后再答应宋室请和的要求，使其从此以余息偷生，再不敢萌生侵犯的念头。"

完颜璟先以战略上的退让、容忍，争取和平相处。继之在完全有利的情况下大举反击，兵压长江，造足要过江灭宋的声势，使宋廷惊慌讲和，才能答应苛刻的条件。

▲ 古代钱币

韩侂胄别无他计，只得派人往返讲和。当派出的使者方信孺回来，谈到金人的五项条件，说最后一条不敢讲了，韩侂胄一定让他讲，并说讲出来没事。方信孺说："他们欲得太师头耳！"韩侂胄立刻大怒，把方信孺撤职查办，以出使当中乱花公款的罪名发配到临江军。

使者交涉多次，金廷在这一条上毫不退让，必须得到韩侂胄的人头方可讲和。韩侂胄又急又怒又没有办法，他把亲信苏师旦杀掉，把其他鼓动他出兵建立盖世之功的邓友龙、皇斌等人也惩办放逐，说用兵都是苏师旦等所为，金人仍坚执不允。

最后宋廷终于如完颜璟所料，在压力下促成内乱，礼部侍郎史弘远与杨皇后定计将韩侂胄杀掉。

宋、金第三次和议达成，边界如旧，世为伯侄之国，岁币银增至三十万两，绢三十万匹，另给金犒军银三百万两。唯一与别次和议不同的是，外加两颗人头。

韩侂胄与苏师旦的首级被函送到金国，金章宗驾临金都应天门，备麾杖节钺受首，命悬竿示众，然后漆藏于库，以志国威。金章宗完颜璟以敌之头镇服敌国，此后四十余年，宋廷无人再敢出兵伐金。

■ 信手拈来，毕再遇活用历史名计

毛泽东一向喜欢借鉴先人经验，所谓"古为今用"，先人的成败得失不仅可以给后人提供启示，还可以给后人警示。"前车之辙，后车之师"就是这个道理。所以，做一个好的幕府成员要熟知"史情"。

南宋的毕再遇善于活用历史上先人计谋而成就大事。他在抵御金兵的过程中，就足智多谋，活用奇计妙策，虽用的都是先人用过的计策，但被他借为己用，同样收到奇效。

宋宁宗赵扩向北讨伐金兵，但交战没多久就失败了。毕再遇带领少数骑兵对抗金兵的五千铁骑，在安徽灵壁附近的凤凰山成功地阻击了敌人，掩护主力军队撤退。毕再遇命令火烧灵壁城，诸将士不理解，认为点火会暴露宋军行动，也更容易被敌军看清。毕再遇说："兵法上讲夜里不宜点火，但现在是白天，而且漫天的白烟笼罩，正好可以掩护我们撤退。"正是他从兵法上吸取灵感，反向思维，结合自己的实际情况，反用兵法的原则，变不可能为可能，结果成功了。

当金兵南下，毕再遇率领军队首先占领六合，阻塞了金兵南下的唯一道路。这时，金兵距离六合还有二十多里。毕再遇稍作准备后，即令城上偃旗息鼓，自己率精锐伏兵在雨门设下埋伏。等到金兵渡壕登城，突然城上鼓声齐发，旌旗并举，这一静一噪的反差太大，金兵惊惶失措，毕再遇趁机从南门杀出，金兵溃逃。金将完颜图拉率领十万大军围住六合，连续强攻。城中的箭矢已经用完，不能远距离歼灭敌军，如果近距离作战，由于力量悬殊，也不可能战胜。这时，毕再遇心生一计，命人在城上撑起青盖，把草人身上穿上盔甲，在城上往来走动。金兵以为是主将巡视，争先恐后用强弓劲矢射向"主将"，疾如暴雨，很快，金军"送"上箭支达二十万支。

金军兵力充足，敌我力量悬殊，宋军遭受巨大的精神压力，他就集中城里的乐手，轮番演奏，管弦之乐不绝于耳，弄得金军莫名其妙，不知道宋军在搞什么名堂，同时，宋军听着音乐声，精神果然放松很多，心情也跟着稳定了。同时，这种音乐声也使金兵认为虽十万大军围攻并没有使宋军丧失斗志。他临门奏乐，示以闲暇，金兵一旦麻痹，就出动少数奇兵袭击骚扰，这种不分昼夜地袭扰，使金兵得不到休息，提心吊胆。后来金兵久攻不下，只得退去。这临门奏乐的一招也是受到不久前南宋名将在顺昌城用竹哨扰敌的启发，这一招，毕再遇用得极为巧妙。

毕再遇见金兵退后，便悄悄率领士兵绕出敌后，把之前煮好的豆子撒满地上，然后去引诱敌人，把金兵引入预定地点，此时天已傍晚，正是人马困顿的时候，战马闻到豆香味，随即停下来吃豆，即使用鞭子抽打，也不肯舍了这美味，金兵因此受困混乱，此时毕再遇趁机出兵，打得金兵措手不及，大获全胜。此计也是取自于五代时的吴越国大将钱传瓘和吴国大将彭彦章的通州浪山江之战。时两军在江上开战。吴国的战船乘风而进，钱传瓘引船避开，抢占上风头。并在两船接触相错时，钱传瓘命人将豆子撒上敌船，往自己军队的船上撒上沙子，然后顺风扬灰，敌军就睁不开眼，交战之后，厮杀惨烈，血浸甲板，吴船上的豆子被血浸淫，就像滚珠加了润滑油，吴兵踩上就摔倒，哪里还能砍杀敌人。吴越国的船上因有沙子铺在上面，

▲ 毕再遇

所以脚步稳健。钱传权放火烧船，大获全胜，彭彦章兵败自杀。

毕再遇此处虽也用豆，是受到历史战例的启发，灵活用以喂敌马，同样收到实效。

毕再遇把五代时的后梁名将，以驴驮旗巡城，蒙骗强敌，奇袭晋阳之计又活用了一次。一次他同金兵对垒，见金兵援军已到，人数陡增，宋兵处于劣势，但准备撤退以保全实力，以图再战，但如果撤退遭到金兵大军攻击，必然如泰山覆卵，全军覆灭。毕再遇便把一些羊绑起来，前蹄恰好放在鼓上，羊挣扎时不断击响战鼓，他当晚引军撤离。敌军见宋营旗帜依旧，鼓声不断，相持数日才知对面是座空城，毕再遇早已金蝉脱壳，全师而撤。

毕再遇的张盖取箭、鼓乐示闲、撒豆喂马、缚羊击鼓都是来源于历史，是历史在现实中的运用和创新。

第二节　元代的幕僚

■ 促成宋朝灭亡的一位汉人

元世祖忽必烈决定南下灭宋，南宋降臣刘整为他出谋划策说："攻打大宋要讲究策略，宜先从襄阳入手，襄阳原先曾被我们占领过，由于后来没有派兵戍守，落入宋人手中建成了军事重镇。如果收复襄阳，以此为据点，乘船沿汉水入长江，然后沿江而下，即可以剿平宋室。"

刘整把进攻的重点放在襄阳，并说襄阳原来即属于蒙古，由于弃而未守，被南宋夺取建为要塞，变成宋蒙边界的军事重镇。襄阳实际原来被金国占领，蒙古灭掉金国后，没来得及派人收回经营，被宋室趁乱占领。

刘整的伐宋策略，颇具新意，与以往的南北统一战争不同。以往历史上历次平定江南，都采取渡江作战的策略，集中优势兵力，以百万雄师过长江的声势，强渡硬攻，直接逼敌。刘整的南下策略完全突破这一常规思路，而从长江上游选择建立据点，大造战船，顺流而下。

刘整的计划是攻取襄阳后，从汉水进入长江，先消灭了作为宋室主力部队的湖北守军，然后沿江而下，使宋手足无措，江南唾手可得。他的战略眼光前所未有，独出心裁，他原是宋人，深知宋室弊端，内无贤臣外无良将，只有襄阳是其重镇，襄阳一破南宋立亡，因此把进攻的重点放在襄阳，不然蒙古人南下，襄阳的宋兵出动，就有扒背之忧。

忽必烈很赏识刘整的"中路截取"计划，这一计划的好处是，襄阳虽为南宋命运攸关之咽喉，取之却并不会太费力，因为宋室君臣未必会把远在湖北的襄阳看得那么重要，会认为是肘腋之患，不会看到对于肢体已经不健全的宋室，襄阳是其唯一强肢。此肢一断，宋室立刻成为臃肿不堪的无肢之躯。

在攘取襄阳的具体实施上，刘整也一反常态，建议先以外交手段争取与宋通商，在襄阳建立官办商业榷场，用商业手段掩盖军事行动，在襄阳城外得到建立榷场权后，即以保护货物的名义，大修围墙和营垒，最后把襄阳包围孤立起来，切断襄阳与外界的联系，最后瓮中捉鳖。

南宋驻湖北的节度使吕文德是权相贾似道的心腹，其人贪财好利。刘整投其所好，贿赂吕文德，使之答应通商设榷。说到吕文德，刘整和他还有一段恩怨。刘整是陕西人，在全国内乱流亡南下入宋，曾在宋将孟珙的军队作战。攻取河南信阳时，曾一个人带领十二名骁勇兵士，夜袭信阳，擒其守将。孟珙为之大惊，称赞他比唐代十八骑攻拔洛阳的李存孝还英勇。后来，他因累建大功被封为潼川十五军州安抚使。因吕文德妒忌其有功，屡加陷害，刘整上诉朝廷，朝廷有贾似道作为吕文德靠山，自然得不到申理，一怒之下便以泸州十五郡投降蒙古。忽必烈如获至宝，给予重用，被封为昭武大将军、南京路宣抚使。这次经略襄阳，又被升为镇国上将军、都元帅。风水轮流转，此次恰逢昔日冤家吕文德。

忽必烈派人馈送给吕文德一条玉带，请求在襄阳城外设立榷场。果然一条玉带就把他给买通了，以其智力哪里看得透这其中的深意，当即允许通商。蒙古使者随后又提出说因其他各地的榷场被偷被抢，为了防盗，需要修筑土墙。

在这一点上，吕文德倒还明白，明确表示不同意在宋境以内筑墙。可是钱能通神，经过蒙古使者的一番活动贿赂，吕文德身边的人都帮着蒙使说话，讲明建立榷场后有利可图，并可以因此通好于外国。听到自己可以发大财，于是吕文德态度转为积极，急忙备文申报，请求朝廷批准。吕文德的申报不过是官场的例行公事，在贾似道这里很快就得到批准，忽必烈命都元帅阿珠和刘整经营襄阳。

阿珠是蒙古贵族兀良氏的后代，地位贵重，尽管与刘整同为都元帅，刘整实际上等于副职。刘整同阿珠到达襄阳后，即着手修建土墙于鹿门山外，外通贸易，内筑堡垒。逐渐反客为主，使襄阳和对面的樊城置于蒙古军的威胁之下。

吕文德的弟弟吕文焕驻守襄阳，发觉形势不对头。南北两路都被蒙古营垒隔断，知道被蒙古人欺骗，上书谏止，吕文德才明白过来，便下令不许吕文焕大惊小怪向外声张，说襄阳和樊城城防坚固，粮储可以支持十年。刘整如果想攻城，由他亲自带兵出击，里外夹攻，可稳取胜利。

经过经营、羽翼渐丰的刘整可以明目张胆地建立军事设施了。紧接着刘整又在汉水中流的岛上建立实心台，上置石炮大弩，周围修筑五座石囤，以防宋船通过，随即又在襄阳、樊城四面增筑外围，扼断一切通路，完全按预定计谋把襄、樊分割包围起来。并大造战船五千艘，训练出八万水军。

忽必烈为了稳取襄阳，又派右丞相史天泽到前线亲自规划：添筑长围，自万山至百丈山修垒扼守，又在岘山、虎头山扩建一字城。至此，襄、樊二城在铁桶似的围困下，已成为蒙古军的囊中之物了。

宋廷多次计议打破封锁，都在蒙军的坚城、堡垒的阻击下失败。襄阳完全与外界隔绝，宋军为了内外通一次声气，就花了三千人的代价，襄阳历经五年困守，粮尽箭绝，连房子上的木材都当柴烧了，连印有公章的布块都做了衣服来穿。最后仍不得不拱手而降，吕文焕亦投降蒙古。

襄阳陷落的第二年，元兵即用"浮汉入江"之计，以破竹之势东下攻宋，基本没经过大的战斗，就打到临安，虏获了南宋的最后一个皇帝。

刘整为蒙古筹划通商占地结垒之计，夺取襄阳。可是正式发动进攻的时候，阿珠和丞相伯颜却不让他过江，等灭掉南宋的捷报传来，刘整失声大叫。他制订计划，最后的大功却被别人夺去，自己栽树别人摘果，他为此又气又急，当天晚上就愤愤而死，可见其智能有余，度量不足，要不也不会当初受陷害而弃宋投元了。

■ 元朝奠基者之———耶律楚材

耶律楚材作为元朝的奠基者之一，在其功德才能方面足以与中原名臣相提并论，他为蒙古用兵，对金、宋以及远征西域运筹策划等方面，为元朝立下汗马功劳。他呕心沥血地为蒙古立国中原制定制度、劝农桑、兴文教，让一个军事帝国又收文治之效，后人因此把他尊奉为对国事尽忠尽智的楷模。

其一，辅佐明主建功伟业。

成吉思汗在率领蒙古军攻占燕京时，得知有一位才华不凡的能人耶律楚材，随即虚心派人向他询问治国大计。而此时，耶律楚材已经对大金王朝失去信心，于是答应成吉思汗为他效力。他随成吉思汗西征，懂得征伐、治国、安民之道，屡立奇功，备受器重。后又随成吉思汗远征西夏，向成吉思汗进谏，禁止州郡官吏擅自征发杀戮。

其二，行下拜礼确立尊汗地位。

耶律楚材随成吉思汗四处征战，立下战功无数。成吉思汗去世后，窝阔台继任大汗。耶律楚材也受到窝阔台的重用和信任，耶律楚材改变蒙古国的统治方式，减少对普通百姓的剥削。大蒙古国里虽然有贵贱尊卑之分，但不像中原地区的封建王朝那样严格。窝阔台被选为大汗之后，耶律楚材使察哈台率领其部族向大汗下拜。自此，蒙古国才有了尊汗的下拜礼。

其三，总管监督机制的建立。

蒙古建国初期，实行军政合一，就只在军队方面设立了长官，在行政方面却没有，攻下城镇后也不派兵镇守。耶律楚材为了改变这种状况，就提出建议："地方上应设置官吏统制老百姓，另外设置万户总管军队，使军队相互牵制，防止独断专行。"窝阔台采纳了他的建议，在中央设立了最高行政机构中书省，**任命耶律楚材为中书令**。

其四，为国家建立"宪法"。

成吉思汗的统治范围扩大到中原，因为没有制定完整的法律法规，对于出现的很多刑事案件难以处理。针对这种情况，耶律楚材提出《便宜十八事》，相当于一部临时法律，严令禁止地方官吏擅自滥杀无辜百姓，不准商人财主贪污公物，打击地痞流氓、杀人盗窃，禁止地主富豪强夺农民土地。这样，社会秩序才算渐渐安定下来。

其五，"五个丝"制的确立。

此外，窝阔台听从耶律楚材的提议，改变原来的分封制，在各地设立十路征收课税使，并定下"五个丝"制（5个人缴纳1斤丝），把征税的权力交给中央。另外，耶律楚材还主张用孔孟之道来治国理民，用儒士来担任各级官吏。耶律楚材为蒙古的发展作出了巨大贡献，是促进蒙古贵族接受中原传统文化的第一人。

▲ 耶律楚材砖雕

其六，全方位战略巩固元王朝统治。

耶律楚材制定全方位战略来巩固王朝统治。在治国方略上，耶律楚材依照中原的礼仪制度给窝阔台制定了登基大典，窝阔台的哥哥及其长辈都要向他行参拜大礼。在经济上，耶律楚材根据中原的实际情况，由于中原腹地遭受多年的战争破坏，生产凋敝，便主张轻徭薄赋，爱惜民力，发展生产。在军事上，耶律楚材提出一套适合改革蒙古军民一体的治理方法，主张军民分治，设立州县，管理民政；设置万户所，负责军政；课税所负责征收赋税。在教育上，耶律楚材大力倡导儒学，推崇孔子。他得到太宗的同意，修复孔庙，优待孔子后裔，建立了国子学，用封建文化教育民众。1237年，耶律楚材提出恢复科举制度。第二年，元朝首次开科取士，一次就录用了4000多人。因为科举考试的恢复，中原儒生的地位得到了提高，为国家招揽了大量人才，为忽必烈时期蒙古帝国的繁荣发展积蓄了力量。

■ 忽必烈身边的"三剑客"

元世祖忽必烈享藩王的尊名，受到任命总管漠南军国诸事。"征天下名士而用之"，"得开府，专封拜"，建立了蒙元历史上有名的"金莲川幕府"。招入金莲川幕府的各界人士很多，可以考见的有60余人。赵复、许衡、姚枢、窦默、杨惟中有是正统儒学的代表；吐蕃佛教萨斯加派教主八思八；原来汉朝世侯的幕僚杨果、郝

▲ 元世祖忽必烈

经、杨奂、宋子贞、商挺、李旭用、徐世隆；维吾尔人廉希宪阿里海牙、叶仙鼐；大食人也黑迭儿；回回人扎马鲁丁、阿合马等人。

1. 元世祖第一谋士——刘秉忠

刘秉忠，又名刘侃，中国元代前期政治家。聪慧的刘侃小小年纪就担任官职，后辞官入全真道，又出家为僧，改名子聪。直到1242年，刘秉忠经人推荐入藩王忽必烈幕府。因其博学多能，深受重视。1250年，他上谏万言策，提出："治乱之道，系乎天而由乎人"，"以马上取天下，不可以马上治。"他主张改革弊政，建立制度，如劝农桑、兴学校等，对忽必烈采用"汉法"起了推动作用。1260年，忽必烈称帝，命他制定各项制度。至元元年（1264年），忽必烈命子聪还俗，恢复他原来的刘氏姓，并赐名秉忠，授予光禄大夫等官职。用了六年的时间，订立朝仪。后来，他建议忽必烈把大元作为国号。

忽必烈奉命管理漠南汉地军国诸事。忽必烈在金莲川设新营帐，然后命刘秉忠在当地建立新城。两年后建成，定名开平，忽必烈称帝后改为上都。到了元三年，又收到在原燕京城东北方向设计建造新都城的命令。新建的都城规模宏伟，工程浩大。到了至元九年，忽必烈根据刘秉忠的建议，把新都命名为大都。到了至元十一年正月，大都宫阙竣工。

2. 儒学之士的代表——许衡

忽必烈招募一批新儒学之士，其中就包括新儒学的代表人物许衡。许衡在后来被公认是元朝最优秀的学者之一。虽然他还是一位年轻人，但已经接触了新儒学的主要著作和观点。后来被引荐给忽必烈，到公元1267年，他被任命为集贤殿大学士。在他的任期内，许衡培养了许多著名的蒙古人和中亚人，并借机向他们宣扬自己的思想。许衡强调个人要献身于国家和社会，这种观点自然对蒙古统治者非常有吸引力。许衡讲求务实精神，在写作或演讲中不空谈。正是因为"他不重视玄谈或者形而上学的空谈或高层次问题"才受到重视，他只向忽必烈提出有用的忠告。

3. 建议帝王以史为鉴的谋士——王鹗

王鹗是一个以史为鉴的谋士，他主张搜集关于亡金、亡辽以及蒙古早期统治者的史料。他再次重申了以史为鉴的传统中国史观，认为过去朝代的兴衰亡败是值得借鉴的宝贵财富。为了保证适当的资料编目和档案管理，王鹗建议设立史馆，与传统的儒士翰林院合并，这种组合显然想利用翰林学士的影响力加快这个历史项目的完成。新的机构被命名为翰林国史院，主要收集实录资料，然后编撰辽朝和金朝历史以及元朝先辈们的历史。忽必烈为了安抚汉人儒士们，批准了王鹗的建议，并同意建立国史院。无论忽必烈的动机如何，王鹗都在进行了，并做了各种准备。尽管在忽必烈任期内，辽史和金史都没有完成，甚至都没有动笔起草，但是王鹗毕竟为金朝史的修撰构想了一个有组织的计划。而忽必烈及其幕僚对此初步的构想及实施也都功不可没。

在元朝不管是成吉思汗还是他的儿孙忽必烈都十分注重谋士的作用，在发展自己的集团的同时也吸取了汉文化，招募了很多汉谋士，使得元朝逐渐地发展壮大，慢慢地走向鼎盛。

 拓展阅读

铁木迭儿献媚皇太后

元朝著名的奸臣铁木迭儿能够在位那么长时间，原因就是找到了一个对自己仕途有益的大贵人。

忽必烈死后，他的孙子铁穆耳继承帝位，就是成宗。这时弘吉剌氏的两个儿子都已长大，而且精明能干，成宗怕危及自己地帝位，对其有很深的猜忌。《元史·顺宗后答己列传》中写道："大德九年，成宗不豫，

卜鲁罕皇后秉政，遣仁宗（爱育黎拔力八达）母子出居怀州。"可见成宗及周围的人对弘吉剌母子是严加防范的。

果真，成帝死后，弘吉剌和爱育黎拔力八达掌握政权，同时立爱育黎拔力八达为皇太子，待兄终时弟继位为帝。这样，这位弘吉剌氏的两个儿子一个是现任皇帝，一个是未来的皇帝，她便是尊贵无比的皇太后。这位高权重的皇太后弘吉剌氏就是铁木迭儿巴结的大贵人。后来，铁木迭儿的权位越来越高，就生了揽权的念头。

铁木迭儿揽权之后，想建大功劳，曾因改变经济政策激起民愤，遂引起造反，虽被镇压下去，但也产生了很大的社会波动。铁木迭儿还借机贪污，朝野汹汹，但因为有太后撑腰，众臣也是敢怒不敢言。

除此之外，铁木迭儿也因为紧抱皇太后弘吉剌氏这棵大树不放，得以逃过一劫。三年后，仁宗死，太后在仁宗死后重新起用铁木迭儿。铁木迭儿借机报复，诬杀政敌杨朵儿并只和平章政事拜住。一直到至治二年（公元1322年）正月，铁木迭儿才因病而死。

第七章
明代幕僚——师爷的兴盛

　　进入明代以后，幕僚制度有了很大的发展，上自皇帝下至平民百姓，都知道他们的存在。这时期，"师爷"一词开始在民间流行，并在很大程度上成为幕僚的代名词。当时有句谚语是"无幕不成衙"，幕就是师爷，衙就是衙门、官府，也就是说，如果一个衙门中没有师爷，那也就不成衙门了，由此可见当时师爷的兴盛情况。

第一节　明代的师爷

■ 明代师爷的流行及概况

师爷是民间的叫法，正式的称呼应该是"幕友""幕宾"，这一职位也是从传统的幕僚中逐渐演化出来的。但是随着时间的演变，幕僚这种文职官员的需求越来越大，从单纯的军事机构中逐渐进入地方机构。师爷属于州县长官私人聘请的政务、事务顾问，双方之间的关系是主人和宾客，甚至是学生和先生的关系，双方的地位在很大程度上是平等的。

1. 明代师爷行业大发展的原因

中国古代政府机构的演变有一个趋势，即基层亲民官的数量越来越少，上层治官的官却越来越多。以最基层的县级政府而言，秦汉时县有县令、县丞、县尉，县令可以自行选任掾吏，处理各项政务。唐宋元时，一县至少有五六位有品级的官员，二三十位无品级的官佐，但是到了明清，县级官员有品级的不过二三人而已。

就编制而言，一县之中，县官一人，称知县或大堂、正堂，官居正七品，下有两佐官和杂官，两佐官为县丞、主簿，分别是正八品和正九品。杂官是巡检，官居从九品。其他如典史、税课大使、河泊所官、仓大使、驿丞等官，则统统无品级。而且这些县官以下的诸官称"佐杂"，这些佐杂官员一般是很难满员配备的，据《明会典》统计，全国州县官共 1448 人，州县佐杂官共 3046 人，平均每一州县不过两人，往往是一县之中除正印官外仅主簿或典史一员、巡检一员而已。相对于官员的减少，伴随的是人口的增加。

同时，明清时期的监督与领导的单位部门也超过了前代，除了接受直属上级——府的领导之外，还要受省布政使司派出的"分守道"、省按察使司派出的"分巡道"以及中央朝廷派至各省的"巡按御史"监督，此外，各省学政、军事、漕运、盐法等各专职衙门也常常派出官员至州县巡查，督促各项专门政务的执行。

因此，我们可以看出，明清时期对于地方官员的要求是非常高的。首先是全能型人才，司法、行政、教育、军事等都要无所不通，其次也需要能应对极高的工作强度和工作压力，最关键的是，这仅仅是地方州县级官员，因此需要一批相当巨大数量的官员与候补官员，以备随时更替补进。但是，官员的选拔方式又是众所周知的八股取士，内容完全是空头文章，所中进士即派到基层州县独当一面，新官上任，往往是一无所知，如果没有一个熟悉政务的人作为辅佐，显然是完全不可能治理得好的。因此，师爷这一个行当就应时而出。

2. 明代师爷进入途径

在明代，师爷无论是人数还是作用，都远远比不上清代的繁荣和兴盛。文官方面，主要是由一些地方官员专门礼聘的师爷，在政府中担任机要工作。同时也有一些负责日常抄写工作的书吏"书佐"，凭着对官府文书的熟悉，转而"从入幕中为主文"。另外，师爷在军中的应用也非常广泛，很多都是参谋幕僚的身份，也为国家战事作出了卓越的贡献。

到了明末，政治日趋腐败，师爷也渐渐成为国家机器附属的蛀虫，成为了官员们横征暴敛的助手，但是也在其中扮演着积极正面的作用。及至清朝，在明代的固有因素之外，更因为满族贵族不通笔墨，不熟悉汉文化下官僚体系的运作模式,更加不能不依靠已有多年政治经验的幕僚师爷。至此,师爷的发展才真正迎来了兴盛和繁荣的高峰期。

3. 学幕

师爷行当本身也是需要有一定的职业技能的,因此还存在学幕一说,而这种专门知识,也就叫做幕学。幕学主要包括三点:一是工作方法;二是处世之道;三是品德修养。

工作方法上,师爷首先要熟悉各种基本业务,或刑名,或钱谷,或书启,莫不是需要下一番功夫的。且师爷在处理案件时必须要有自己的看法和见解,"要说得何处是真,何处存伪,何处是起衅情由,何处是本人破绽"。处理案件既不可以先有成见,又不能没有主意,而且还要留有余地,以备各种回转。

在处理各级关系时,既要处理好与一级机关的关系,又要顾及同级机关的利益,更要考虑对方主人的身份地位等。身为幕友,必须谨慎处事,小心交友,以品行端正、推心置腹者为宜,既要避免与幕主过分交好,以免引起同行的疑忌和嫉妒,又要自尊自爱,必须慎重考虑与民众的关系,一心为民着想。

在加强品德修养方面,最主要的是"俨然以宾师相处",要做到"尽心""尽言""不合则去"。"尽心"要求一心一意为幕主做事,不可存有异心;"尽言"要求畅所欲言,不时指出幕主处理事务时的某些错误;"不合则去"指当幕主处理事务明显不公正时,据理力争仍无改变,可离幕主而去,要求

▲ 明代县衙遗址

幕僚没有必要拘泥于某一幕主，千万不可为求俸禄而随意奉迎。

既然师爷受到幕主的礼遇和厚待，那么为了所谓的知遇之恩，师爷就会忠心耿耿、尽心尽力为幕主服务，与其荣辱与共。

4. 入职

徒弟学成之后，要想辞别幕师单独谋职，往往要寻找幕馆，但是往往也是谋馆者多，幕席数少，在这种僧多粥少的局面下竞争也是十分激烈的，于是大部分的师爷往往都是要通过师友的推荐。倘若地位较主官较低的人推荐的师爷，主官往往要切实考查一番，倘若合适便当录用。但也有的是主官的上司或有权有势的官员推荐的人选，就算主官不中意，往往也碍于权势或情面被迫接受。

同样，师爷对于幕主的邀请也要慎重考虑才能决定。师爷一旦受聘就要尽心尽力为幕主办事，如果草草答应，到任后却发现难以和幕主共事的话，就进退两难了。因此在接受聘请之前，师爷都要进行仔细考虑，如果觉得不宜接受聘请，就会礼貌谢绝，还会说些对幕主恭维的话。总之，幕主与师爷是一个双向选择的过程。

■ 明代师爷的种类划分

按照当时政府要求，官员应当是精通各项政务的通才之人，但是官员们所聘请的师爷则往往是术业专攻的人才。按当时主要的分类，则往往分成刑名师爷、钱谷师爷、书启师爷，等等。

1. 刑名师爷

师爷中最为重要的是刑名师爷，幕学中最为难学的也是刑名。一般来说，幕学往往也就专指"刑名法术"之学，刑名师爷是帮助官员处理司法审判事务的，如何批示呈状、分析口供、正确运用法律条文，都是一门学问。所以刑名法术之学大抵与近代的应用法学有相似之处。

明代基本每位州县长官都必须要聘请至少一名刑名师爷帮助处理

司法审判事务。州县衙门的第一要务就是司法审判，明代的法律非常复杂，除了正式的法典《大明律》外，又有成百上千条单行条例，如果要正确判案，就要对律例了如指掌，这是考八股文出身的官员所不擅长的。尤其是明代确立了"逐级复审制"，对于杖责一百以上的案件都要经过府、省按察使司、巡抚总督、朝廷刑部的层层复审，第一审的州县长官提出的判决意见"拟律"如果不准确、遭到上述任何一级的"驳诘"，就算是在政绩上留下了污点，影响考核的结果。州县长官在这方面如有疏忽，会直接影响仕途。如果依仗刑房书吏，双方的利益不甚一致，也是不可绝对信任的，因此只有自己掏腰包聘请的司法审判顾问才是最可靠的，也就是刑名师爷。

刑名幕友攻读研究的这个"幕道"主要内容是法律，但是有一点是值得注意的，就是刑名幕友并不以法律作为自己的终极目的。《佐治药言》里有言："神明律意者，在能避律，而不仅在引律。如能引律而已，则悬律一条以比附人罪，一刑胥（刑房书吏）足以，何籍幕为？"所谓的避律就是指灵活掌握法律条文来解决司法难题，无须将法律奉为神圣、严格遵守。有的时候为了一些特殊的目的，可以对真实的案情做适度的修改。

2. 钱谷师爷

在州县衙门幕席上坐第二把交椅的是钱谷师爷。钱谷师爷也叫"钱粮""钱漕"师爷。

税收是明代时地方州县衙门的第二件要务，税银、漕粮的征收、保管、解送等事务，都直接关联到州县长官的考绩，一旦有所短缺或者逾期，州县长官就要受到参劾，负责补赔。而这些财政事务，都需要会计师的能力，这也是做八股文出身的官员所完全不具备的。虽然理论上这些事务可以依靠户房书吏来完成，不过假如书吏串通一气，长官就被蒙在鼓里，免不了有"赔累"之虞。另外，州县长官的主要收入也在于税收时的"耗羡"陋规，如果任凭书吏处置，长官也得不到实惠。所以从公、私两方面而言，都需要自己信得过的人来帮助指挥调度、监督核算财政税收事务，于是便聘请私人顾问来帮忙。这个私人顾问，也就是钱谷师爷。

钱谷师爷由税收财政事务的重要性而排在幕席的第二位，往往和刑名师爷并列，并称"刑、钱"。钱谷师爷的束修和刑名师爷相当，一般的州县总在千八百两左右。也有的小县衙门只请一位师爷兼顾司法审判和税收财政，称"刑钱师爷"的。但绝大多数的州县长官是要配备专职的钱谷师爷的。

3. 书启师爷

明清时各个衙门之间是靠各种公文、书札来沟通信息的。一个州县衙门常要使用的公文、书札有详、验、禀、札、议、关等。州县长官日理万机，要费脑筋起草好每一件来往的公文书札，实在是忙不过来。而州县衙门中也没有可以委托之人，朝廷也不给配备秘书，只好自己出资聘请一位或几位这种起草公文书札的、秘书性质的幕友。这种幕友就称之为"书启"或"书记"幕友。申详、验、议等公文性质的文件都由刑名、钱谷师爷起草，书启、书记师爷起草的主要是平时日常请安性质的禀帖，也叫"书禀"。也有的州县长官请一位书禀师爷专门起草禀帖，再请一位或几位书启、书记师爷起草其他的书信。

禀帖从下级对上级的私人信件发展而来，一般都要由州县长官自己的长随直接送到上级衙门的内宅，上级长官亲自开拆，不经过衙门的承发房，有很强的机密性，所以用来商谈公事也是很自然的事。不过谈重要公事的禀帖一般都由刑名、钱谷师爷起草，书启师爷起草的是一般的公事禀帖。

4. 账房师爷

账房师爷和钱谷师爷的分工很明确，账房师爷管的是不公开的私人账目，而钱谷师爷管的是公开的财政账目，双方绝不至于发生冲突。

其实，账房师爷的出现和地位的上升，说明州县吏治普遍变坏。官场暮气沉沉，原有的监督手段效力已大大降低；各级官员普遍信奉"千里为官只为钱"，把做官当做了投资（买官或读书）的回报。州县衙门的内衙收入和支出都大大增加，必须要有专门的会计，这样账房师爷就不可或缺了。

5. 挂号师爷

挂号师爷也称"号友""号件"，首要职责是登记、汇总、分发出入衙门内的各道公文手札。州县衙门的普通公文依旧由承发房负责汇总分发。后来内衙越来越庞大，进入内衙的公文也越来越多，几乎所有的公文都是由内衙处理，挂号师爷的事务也就越来越复杂。

挂号师爷也是得到官方半正式承认的幕友，所以直到清代嘉庆以前，一直都是州县衙门幕席中排第三位的重要角色。

为了办事方便，大多数挂号师爷都是刑名或钱谷师爷引荐来的，有的就是刑名、钱谷师爷的徒弟。幕学指导书都强调刑名、钱谷师爷要重视挂号师爷，如《幕学举要》说："登记挂号，似易而实难、似轻而实重。叙由简明，人人所能，唯以摘催而不使弊搁，查限而不致追违；或一事而分手两办，或一手而原、被异批，逐一厘剔较正，斯足以助刑、钱之不及，非但职司证注而已。必厚其修脯，择力余于事者，始克展布裕如。倘以为无关轻重之任，不能择人，则废事多矣！"

挂号师爷职责重大，但毕竟比刑名、钱谷较轻，主要是一个助手的位置，束脩一般仅每年百两而已。而且之后渐渐出现了以挂号或号友为名的长随，也从事文件的登记分发。这种挂号长随有的是专管出纳文件，由师爷摘要登记。于是，有的州县长官不再请挂号师爷，直接由长随当此重任。

■ 做好师爷的不传秘诀

明代时,师爷刚刚在士人中兴起并流行,尤其是那些还未考取功名的士人一方面为了生存大计,另一方面也为了尽快熟悉衙门事务,大家都争相去做师爷。那么,师爷要想做好,需要记住哪些秘诀呢?

1. 避律

在中国古代,法律研究从来就不登大雅之堂。战国法家虽然提倡法制,但不主张研究法律条文本身,认为法律只要一经公布,就不能让民间讨论研究,"法制不议,则民不相私"。对法律只能遵守,不必讨论研究其得失,若想学习法律,"以吏为师"即可。

2. 报应

中国传统文化讲究"报应"。《周易·坤·文言》说:"积善之家,必有余庆;积不善之家,必有余殃。"而德、善的一个基本要义就是要"养",要重视人的生命。法官对犯人判刑、杀人,如果不是依法办事,就会有伤阴德,必定报应在本人或子孙后代身上;倘若能依法办事,不造冤案,法律之外还能在无关痛痒的时候对人网开一面,则叫积善积德,必定会得到福佑。这种"善恶因果报应"的理念,一直都影响着参与司法审判的人员的言行举止。

刑名师爷日日处理司法审判案件,从传统观念来看,自然也要和法官一样,为所处理的案件的正确与否承担阳间和阴间的双重责任。处理得公平合法、合情合理,就是积德;而处理得偏心,尤其是错杀人命,就是积怨,会灾祸缠身,或者影响子孙。再进一步言,官是流官,是因为上司差遣,不得已而行审判,但师爷专习此道,自然更容易遭报应。

3. 官场倾轧

封建时代的中国官场,可以说是世上竞争最激烈的地方,也可以

▲ 明代官印

说是最不讲求道德的地方。当然，这是起因于中国的封建官僚政治体制："天有十日，人有十等"的封建专治等级制度决定了人们能否进入官僚系统和进入官僚系统后的命运。

在封建时代，当官则有权有势有利，且中国人素来以入仕为正途荣耀，这样，制度带给的实惠与观念赐予的虚荣的双重诱惑使得人们都拼命挤上通往官场的道路。正因如此，围绕如何挤进官场，保住官位，如何升迁获得更大的权力，人与人之间展开了激烈的竞争。官场凶险，而饱读圣贤书的学子一旦进入宦海仕途，面对官场的情态纷纭、世相万千、花样翻新、妙招屡现的相互倾轧往往无所适从，师爷由于具有参与官场斗争的经验，在官场倾轧之中出谋划策，往往能够出奇制胜。所以在这方面，师爷对主官的帮助是必不可少的。

4. 分红

明清两代，官场之积弊已经颇深，新州县官员到任时，一些师爷就托新官的上司举荐自己做新任官员的幕僚，这样下属官员在赴任时，即使对上司推荐的师爷不满意也没有办法。这类师爷自恃甚高，索价更高。倘若所求稍有不得，就与上级衙门的师爷相勾结，凡州县详文，必定予以批驳反转，百般刁难。此外，一省同一籍贯的师爷往往沆瀣一气，排斥外籍师爷，互相勾连，索取重价。下属官员之所以心甘情愿地供养几个上级官员推荐的师爷坐拿薪水，除了畏惧上司外，另一个原因是可以使上报的公文能顺利通过，不致被刁难。

师爷虽然是政治的参与者，然其幕友的身份说明他们只能是一些参与者，不能成为最直接的收益对象。在经济收入上，师爷的收入来自主官的馈赠，如果没有额外收益，这笔钱也不可能丰厚，"仰不足以事父母，俯不足以蓄妻子"。因为明清两代，官员法定的收入原本就偏低，一个官员所需供养的家人及仆人数量相当庞大，完全清廉的官员到最后的窘境只能如明朝著名的清官海瑞，其最经典的故事是在其母60大寿时，只买得起两斤猪肉给老母祝寿。也就是说，清官根本雇不起师爷。

5. 代写诉状

讼师的历史要比刑名幕友的历史长得多，传说早在春秋时，郑国就有一位邓析，专门帮人打官司——小案子要人一件衣服，大案子受人一条裤子作为酬谢，教人"以非为是，以是为非，是非无度，而可与不可日变，所欲胜因胜，所欲罪因罪"。郑国的执政子产于是杀了邓析，《吕氏春秋·离谓》称："民心乃服，是非乃定，法律乃行。"这位邓析或可称为后世讼师的祖师爷了。历代都有讼师在民间教人打官司，北宋时还出现许多讼师的教本，而江西也有一本叫《邓思贤》的书，流传很广。

中国传统法律文化将"国法"与"私议"对立，一概排斥民间研究、传授法律知识，故历代都严禁讼师。于是，很多法律就规定，教唆词讼者与犯人同罪，教唆上控重罪不实，发极边充军；"积惯讼棍"发云贵、两广"极边烟瘴"充军；"构讼之书"也要"尽行查禁销毁"，撰写、刻印者"照淫词小说例，杖一百流三千里"，复印及发卖者杖一百徒三年，买书人也要杖一百。

虽然法有明禁，但讼师这一行确实为民间所需要，在政治清明、吏治风气好时，很多正直的讼师确实能够为民服务，指导人们如何应付诉讼，颇有点近似近代律师的味道，与恶意诉讼的"讼棍"有别，其中更为重要的，就是一些师爷也可以同时兼有讼师的工作。

第二节　明代的著名幕僚

■ 诸葛转世的刘伯温

刘伯温是元末明初著名政治家、文学家。他通晓经史和天文，熟知兵法；协助朱元璋完成帝业，开创明朝，闻名天下，被誉为"诸葛转世""学为帝师，才称王佐""渡江举世无双，开围文臣第一"。朱元璋多次称刘基为："吾之子房也。"

刘伯温从小就天资聪颖，爱读书。他有过目不忘的绝佳记忆力，其文章也是精彩纷呈。他14岁时熟读《春秋》，17岁就跟随名士学习宋明理学，同时还积极为科举考试做准备。刘伯温因为天赋高，人又勤奋，因而成为江浙一带远近闻名的大才子。他的老师郑复初就曾对刘伯温的祖父说："你家这个孩子必定会光耀门楣，振兴刘氏家族！"西蜀名士赵天泽在评价江左人物时，将刘伯温列为第一，说他是诸葛亮一样的人物，日后必成大器。

刘伯温顺利考取进士，进入仕途，开始了他的精彩人生。

朱元璋两次向隐居的刘伯温发出诚心邀请，希望刘伯温能出山助自己打江山。刘伯温深思熟虑之后答应了他。刘朱见面之初，刘伯温就提出了"时务十八策"，类似于当年诸葛孔明对刘备提出的"隆中对"。朱元璋初见刘伯温就欣喜不已，从此把刘伯温视为自己的心腹。

后来，刘伯温为朱氏制订了"先灭陈友谅，再灭张士诚，然后北向中原,一统天下"的战略方针。朱元璋基本上按照刘伯温为他定下的战略行事,先后成功地灭了陈友谅、陈氏、张士诚。然后,朱元璋又派部队北上攻打元朝首都北京,同时准备在南方称帝。

1368年,朱元璋在南京称帝,始建大明皇朝。刘伯温为开创朱明皇朝立下汗马功劳,朱元璋任命他为御史中丞兼太史令。为了表彰刘伯温所作的巨大贡献,朱元璋免了刘伯温家乡青田县的租税,并追封刘伯温的祖父、父亲为永喜郡公。洪武三年(1370年),刘伯温被任命为弘文馆学士,受"开国翊运守正文臣资善大夫上护军"称号,赐封诚意伯,食禄241石。至此,刘伯温本人的事业和青田刘氏家族的发展都如日中天,达到了最辉煌的鼎盛时期。

刘伯温也是一个急流勇退的智者,他深知因为自己过于耿直的性格,使他得罪很多同僚权贵,也深知"伴君如伴虎"的道理。因此,在功成名就后,他便辞官归隐。

洪武六年(1373年),刘伯温遭到政敌胡惟庸的毒害去世。刘伯温死前曾预言,胡惟庸必败,明太祖必会给自己平反冤屈,他还特留下一封密奏给儿子,要他在日后明太祖想起自己的时候再上奏。他的确料事如神,五年后,胡惟庸果然垮台。又十年后,刘伯温才被平反。明太祖赐给刘氏家族金书铁券,特批刘氏成员可凭此免一次死罪。

在老北京的传说中,北京城是由刘伯温及姚广孝设计的。传说当年刘伯温为了建造北京城,终日在北京各处奔走、丈量。可是奇怪的是,无论他走到哪儿,总有一个小孩在他前面奔跑。起初,军师刘伯温也没有把这事特别放在心上,突然有天晚上做了一个梦,梦里顿悟那个小孩就是哪吒。

后来他按哪吒"三头六臂"的造型设计了北京城:南边建造了三座城门好比三头;东西两侧各三座城门好比六臂;北边两座城门是脚踏风火轮的双腿,所以北京城也叫哪吒城。

在这里，刘伯温成了神州第一的城市规划师！

由于刘伯温的品德、才气、功绩、后人把刘伯温给神话了，以至像传说能料事几百年的《烧饼歌》亦出自刘伯温之手，刘伯温成了诸葛亮这样的知天文阴阳，又通奇门遁甲、运筹帷幄、决胜千里之外的智慧化身。

■ 哲学大师王阳明

王阳明是中国明代很著名的一个全能的谋士，世称阳明先生，是史上罕见的全能大儒，他平生以诸葛亮自喻，是有名的政治家、哲学家、文学家、军事家，辅佐明代弘治皇帝，军事方面的成果尤为突出，最著名的还是要数以下两个故事。

1. 平定江西

正德十二年（1517年），江西南部以及江西、福建、广东交界的山区爆发民变。山民依靠山地据洞筑寨，自建军队，方圆近千里。地方官员无可奈何，遂上奏明廷。兵部举荐时任右佥都御史的王阳明巡抚江西，镇压民变。

正德十三年（1518年）正月，王阳明平定池仲容（池大鬓）部，奏请设立和平县，并兴修县学。三月，阳明抵达江西莅任。做事果断的王阳明立刻调集三省兵力，镇压起义军。七月，王阳明上奏朝廷，希望允许招安。朝廷恩准了他，并把地方军政大权交给他，方便他行事。十月，王阳明率兵攻破江西崇义县左溪蓝天凤、谢志山军寨。王阳明亲自前往劝降。十一月，王阳明派遣使者招安，并攻破蓝天凤部。

2. 擒获宁王

王阳明擒获宁王，平定宸濠之乱。王阳明率领少量军队准备剿匪，军队刚刚到达丰城，宁王突然率兵造反。王阳明积极备战，调配军粮，修治打仗器械，然后发出讨贼檄文，公布宁王罪状，要求各地起兵擒王。

当时，王阳明最担心宁王挥师东下，占领南京称帝，再想攻打他就十分不易。于是他使出虚张声势这一招，用假情报扰乱宁王，使他不敢轻举妄动。宁王果然上当，过了长达半个月时间的不安生活，不敢发兵攻打南京。王阳明趁此时机做好防守南京的准备，不给宁王留一丝胜利的机会。

七月，宁王率6万军队渡过长江准备攻打安庆。机智的王阳明对外宣称自己有30万军队，实则只有8万人，而且大都是民兵和百姓。王阳明部下指出当务之急是救援安庆，王阳明却说："现在九江、南康已经被敌军占领，如果越过南昌救援安庆就会腹背受敌，而现在南昌空虚，我军可以一鼓作气把它攻下。当敌军赶着回来救援南昌，我们正好可以伏击他，肯定会胜利。"

由于先前谎称有30万大军攻城，南昌竟然不攻自破。几日后，王阳明派五路兵力伏击赶回来的宁王大军。四路分兵迎进，一路设伏。由于设置巧妙，宁王大军先前不知情，很快腹背受敌，又中了埋伏，惨遭大败。宁王眼看局势大为不妙，急忙调九江、南康的精锐部队出击，王阳明派几路大军迎战，最终成功取得南康。

打好这一仗十分关键。官军谁若是退却，就命人斩杀，众将士都决一死战。最终打败敌人，敌军效仿曹操赤壁之战时，将大船结成方阵，宁王拿出金银珠宝犒赏将士，冲锋陷阵者赏百金，负伤者赏千金，要求他们拼死一搏。

但王阳明看出其中破绽，他决定放火烧船。第二天，当宁王大臣正在船上商量

▲ 王阳明

大事时，王明阳率军杀到，用小船装上干草，迎风放火，烧毁了宁王的副船，逼得众官员跳水逃生。宁王大船无法前行，慌忙换乘小船逃命，却被王阳明的部下王冕追上并擒获，宁王的其他文武大臣也成了阶下囚。没过多久，南康、九江也被攻陷，宁王之乱全面平息，前后共35天的时间。王阳明因此而获"大明军神"的称誉。

王阳明是一个十分出色的军事家和思想家。作为思想家，他开创了"知行合一"和"知行并进"学说的儒学新天地，对中国的哲学发展贡献了重要力量，尤其是对中国心理学的发展奠定了基础。就如梁启超对王阳明的评价："他在近代学术界中，极其伟大，军事上政治上，亦有很大的勋业。"

■ 张居正隐忍有术

常言道：伴君如伴虎。那些封建的帝王们不讲理的时候比老虎还可怕。身为幕僚，随时侍奉在主子身边，有的升官发财，春风得意；有的却丢官贬职，甚至丢掉了脑袋。这其中的关键因素就是幕僚会不会在当权者中间找准平衡点。明朝的张居正在这方面就做得很好。

张居正，字叔大，号太岳，湖广江陵（今湖北沙市郊区）人。少时就聪颖过人，12岁时，因其出众的才华，成为荆州有名的小秀才。16岁顺利通过乡试，当时的湖广巡抚顾璘很赏识他的文章，说他"是个能治理国家的人才"。

嘉靖皇帝在世时，慈圣后与仁圣后原来关系就处得不错，彼此很亲切。先皇殡天以后，二人寡居深宫，觉得失去了依靠，很是寂寞，彼此间越发走动得勤些，每每相见，必生一番伤感。所谓"嫁夫从夫，夫死从子"，小皇帝如此幼小，怎么依靠得了？两人常常手拉手，相对流泪。

张居正却并尊二后，使慈圣感到很大的温暖：朝中终于有替自己说话、为自己办事的人。她因而信心十足，她要打消陈皇后的猜疑。慈圣见陈皇后心境很好，便开始谈朝政大事，诸如廷臣优劣，皇帝的教育等等。"朝臣之中，张居正虽位高权重，但还是很尊重我们，不像那高阁老，先皇仙逝不久，尸骨未寒，他就欺负起我们孤儿寡母，想剥夺我们的权利。好在居正从中活动，才把他赶出了朝廷，否则我们再没有任何发言权了。"中官冯保也不失时机向二后鼓吹张居正的人品才能。仁圣听她们这样一说，觉得朝中有人维护着她们，确也感到欣慰，并说："这样看来我们得好好对待他才对。"从此后，两宫同心委任居正，朝廷大事由他一人全权处理。凡遇居正进谒，必称他为先生，而且告诉说：如果皇上有任何不敬不轨之言行，可以直入宫内向二后陈明，她们将严加训斥。

张居正又以皇帝年幼需要照顾，请慈圣移居乾清宫，监管皇帝起居，以便内外配合，使皇帝受到良好的教育。慈圣后欣然应允，不久就移居乾清宫。每天五更时许，必亲自到皇帝居室，呼令起床，命左右侍从扶帝稳坐，进水盥面，然后登御殿接见大臣。朝见完毕回到宫中，如果一心嬉游不愿读书，必定罚他长跪不起，因此，神宗非常敬畏他。慈圣为了搞好同仁圣的关系，每次神宗进见，她立即就问神宗往慈庆宫见仁圣后没有？所以神宗拜见完慈圣，必定前去拜见仁圣太后。仁圣因皇帝经常探望，也十分高兴，私下里还不时说张居正教学有方。

张居正得到了皇帝太后的全力支持，独断朝纲，施展开他的雄才大略，按照他旧有的设计，一意尊主权、课吏治、立章奏、考成法、定内外官久任之法。这一举措使得皇朝百官竞相奉法守公，即便是万里以外，早晨下了命令，晚上就能够施行，政体为之一肃。

张居正继续主持改革事业，两宫太后也一如既往给以大力支持。君臣之间，相处很和谐。这时神宗皇帝已经册封皇后，李太后认为皇帝已经大婚，算得上成年了，不再需她监督抚视，而且也应该让他独立面对复杂繁重的朝政,以便将来顺利亲政。再看元辅张先生,始终忠心耿耿,自主持国政以来,各业颇有起色,有他悉心辅助,理当放心了。因此,她决定返回慈宁宫。于是召张居正入内,对他说:"我不能早晚抚视皇帝了,恐怕他不能像以前那样好好学习、勤恳地办理政事,辜负了先帝的委托。先生负有教育和保护皇帝的责任,和别的大臣不同,请代我早晚教育他,帮助皇帝以德自教,贯彻先帝临终的遗命。"张居正连忙回答:"臣受先帝顾命,承太后之旨,必将竭心尽力,以报大恩。"

从此以后,张居正更加勤勉,所有军国要政,无不悉心筹划,而且屡屡禀告太后,上下一心,内外承平。十年之中,明帝国财政收入有了明显的好转,农业、手工业都有了新的发展,东南海防和西北边防也有所加强,出现了明中期以来独有的好光景。

 拓展阅读

名将背后的智囊团:师爷

明代抗倭名将戚继光治下的戚家军攻无不克、战无不胜,殊不知在组织部队的过程中,师爷也发挥了重要的作用。

抗倭战事方面,戚继光之前的总兵是俞大猷。俞大猷本人也是一个绝顶的武林高手,在海上作战颇存建树。几次在海上截击逃跑倭寇的战斗中都取得了胜利。但是到了陆战方面,俞大猷的军队战斗就不是十分有效了。倭寇主要由失去土地的日本武士组成,他们从小就接受严格的武术和体能训练,大多数人都练习剑道,一个人对付五六个人不成问题。而且倭寇使用的武器都是同一种——武士刀,武士刀在制作过程中要使用很多种不同的铁和钢料,制作十分精良,属于当时的"高科技武器"了。

面对这种情况,戚继光担任了总兵,但一筹莫展。这时,戚继光手

下的一个幕僚卢洪秋给了戚继光非常有实质意义的建议，就是如果不能找到一批武艺高强的士兵对抗，那就寻找一批肯吃苦肯作战，踏实肯干服从命令的老实人来打仗。于是，戚继光在选择士兵的时候虽然没有一个是武林高手，全是农民，但是依然有非常严格的条件。明确凡以下几等人不可用：在市井里混过的人不能用（滑头），喜欢花拳秀腿的人不能用（能忽悠，言过其实），胆子小的人不能用（不能打硬仗），长得白的人不能用（吃不了苦），性格偏激（合作性差）的人也不能用。被录取者，还必须具备如下特征：臂膀强壮，肌肉结实，眼睛比较有神，看上去比较老实，手脚比较长，比较害怕官府。概括起来，戚继光要找的是这样一群农民群众：四肢发达，手脚较长，头脑简单，为人老实，遵纪守法服从政府，敢打硬仗，敢冲锋不怕死。

按照卢师爷所说，戚继光在训练这群农民时，并没有找武林高手来训练他们武学套路，如武当剑、少林棍、洪拳谭腿什么的。戚继光的训练就抓住三个重点：一是专业训练，强调专业技能；二是配合训练，强调纪律性和团队精神；三是力量训练。

俗话说："三个臭皮匠，赛过诸葛亮。"利用以上方法，足以保证5个农民士兵就能打败1个武林高手。这就是组织、流程与方法、工具与技能、规定动作与模板的威力。不能不说，戚家军纵横天下，获得威名，戚继光名垂千古的背后也有卢师爷的一份功劳。

第八章
幕僚最后的辉煌

　　经过明代的发展，我国的幕僚制度已经颇具规模，明代建立督抚制度之后，巡抚、总督相继建立幕府。到清代，幕府制度达到了鼎盛时期。幕客的主要任务是帮助幕主办理文书、刑名、钱谷、奏折、教读、征比等项事务，实际上是幕主的重要助手。他们不纳入地方行政官员的编制，与幕主不存在上下级的隶属关系，幕客的薪俸从幕主的养廉费中开支。晚清是幕府制从极盛走向消亡的时期，但同时幕府的职能也得到前所未有的发挥。

第一节　清代的师爷

■ 清代师爷的从幕历程

充当师爷的人来源很杂,一般读书人有之,考取功名不中的秀才有之,民间的学者名流亦有之,还有就是一些失意、退休官员以及落魄商人等等。无论是什么人,都是知识分子,这其中以中小知识分子居多,占师爷的绝大多数。

很多人之所以充当师爷有不同的原因。谋取经济上的实惠是人们从事师爷这一行业的最主要、最普遍的动机。中国古代讲究学而优则仕,可是这么多的人投考功名,千军万马过独木桥,有幸金榜题名的寥若晨星,更多的读书人求取功名无望,就只好另作其他选择,首先供他们选择的一是私塾先生,二是师爷。这两种职业中,师爷的收入要远远高出私塾先生,几乎可以相差几倍,甚至十几倍。另外,当师爷可以经常出入官府衙门,侍候在高官左右,在官本位观点浓重的中国人眼里,也会另眼相看。所以,无论是从经济收入上还是从社会地位上考虑,充当师爷都是落弟读书人的首要选择。俗语天下三百六十行,有许多行业可以做,但读书人自选为求功名啃书本,只知读书,其他技能几乎可以说没有,况且他们爱面子,不甘心从事当时观念中的贱业,师爷这第三百六十一行也就成了他们的首选了。龚萼说:"愚民迫于饥寒,则流为盗贼;读书无成,近于饥寒,则流为幕宾。"汪祖辉说:

"吾辈以图名未就，转而治生，唯入幕一途与读书为近，故从事者多。"由此可以看出，充当师爷，也未必是业者本意，颇有些迫于无耐，退而求其次的味道。

就如何培养一名合格的师爷，使之在作幕竞争中不被淘汰，许多师爷根据自己的亲身经历，总结了一门专门知识，称为幕道或幕学，较系统、全面阐述了学律从幕之道。主要包括三个方面：第一是工作方法；第二是处世之道，第三是品德修养。

处理案件必须要有自己的见解和看法，才是真功夫，"要说得何处是真，何处存伪，何处是起衅情由，何处是本人破绽"。处理案件"不可先有成心"，"又不可漫无主意"，还要留有余地，万万不可一锤定音。

在处理各级关系方面，要求必须处理好与同级机关的关系，在与同级机关打交道时，不仅需要顾及同级机关的利益，更要考虑到对方主人的地位，身居幕中之人应谨慎处事，小心交友，以品行端正、推心置腹者为宜，既要避免与幕主过分交好，以免引起同行的疑忌和嫉妒，又要自尊自爱，必须慎重考虑与民众的关系，一心为民着想。

在加强品德修养方面，最主要的是"俨然以宾师相处"，要做到"尽心""尽言""不合则去"三点。"尽心"要求一心一意为幕主做事，不可存有异心；"尽言"要求畅所欲言，不时指出幕主处理事务时的某些错误；"不合则去"指当幕主处理事务明显不公正时，经据理力争仍无丝毫改变，可离幕主而去，要求幕僚没有必要拘泥于某一幕主，千万不可为求饮食而随意逢迎；要养成勤俭品格，平时切记读书，每日不休，坚持不懈。

既然师爷受到幕主的礼遇和厚待，那么为了所谓的知遇之恩，师爷就会忠心耿耿竭尽心力地为幕主服务，与其荣辱与共"同船合命"，师爷与幕主共事时，主官允许他畅所欲言，直陈利害，不必有所顾忌和保留，对师爷所说的话主官即使不采纳也不会怪罪，因此师爷在主官面前可以显示自己的大智。师爷既事幕主，就要对幕主存有一心，恪守一定的规范，作为自我约束的立身律己准则。《传家宝·幕友不费钱功德》记云："不欺东君；不倚富势；不想昧心钱；不做亏心事；盛寒严暑谏省刑；细心理习卷；地方有利弊之事，力劝东家兴除；民情冤抑，赞成东家剖寻；东家盛怒，阻其出堂理事。"这些对师爷的要求是师爷应当遵守的准则。

以上种种，足以说明要成为一个合格的师爷，也相当不易，他们需要良好的素质，一个合格的师爷在激烈竞争和相互倾轧的官场上站得住脚并斩获胜利就不足为奇了。

但是，求功名读的是圣贤书，师爷就不见得全能用上，因此能够当好师爷还有一个过程，这个过程就是"学幕——谋馆——就幕"三步曲。

■ 清代师爷的特点

纵观清代幕僚制度，其经历了一个大转折时期，由发展的巅峰最终走向衰败，由传统幕府逐渐走向近代化，幕僚制度也随着清朝政局的起起伏伏而跌宕，伴随着近代中国屈辱落后的发展历程从转型走向灭亡。总体来看，清代幕僚有以下几个方面的特点。

1. 称谓上的变化

清代幕僚制度是从秦汉幕府制度发展而来的，二者是一脉相承的，早在战国时期就有了幕府的名称，"入幕之宾"一般称做"宾客""宾佐"或者宾僚，宋代开始正式把宾客称为"幕僚""幕客"，这一称谓一直延续到了明代。而到了清代开始则出现了"幕友"的称谓，这是有其独特内涵的，清人王友亮解释为"师之外，益德辅仁，莫重于朋友，降于师而近乎兄弟"，即幕僚是一种似僚非僚、似师又非师、似宾又非宾的人物，像朋友一样的"佐官制吏"。

这种新的幕主与幕僚之间的关系在清代各大幕府中体现得非常明显，他们与幕主之间没有上下、尊卑的关系，而是平等的。且幕主对于这些幕僚都十分礼遇，经常是座上宾，相传曾国藩每天都要陪同幕僚吃饭，幕僚不到齐他就不吃。这种更加亲密的关系提升了幕僚的地位，从心理上更有助于发挥其辅佐的作用。

2. 不在编制，关系松散

清代幕僚制度虽然是由秦汉以来的幕府制度发展而来的，但是又与以往的幕府有着很大的不同。清代以前的幕府是封建统治行政管理系统中的重要组成部分，这些幕僚都是国家正式官员，享有俸禄，是"公务员"。而清代幕府已经不属于官僚系统了，他们不是国家的正式职官，不享受俸禄，是中央或地方官员自己聘请而来的，是私人顾问、参谋、秘书，帮助自己处理各种事务的，因此被称为"幕友"，也叫"师爷"。国家对于他们的地位高低、人员多少、年龄、薪俸、职能等都没有具体规定，完全由幕主掌握。这些幕僚与幕主之间也没有签订任何的合同或者契约，关系比较松散，合则留，不合则散，二者是一种互相选择的关系。

3. 幕僚的职能划分越来越细

清代是我国封建社会发展的顶峰时期，特别是康乾盛世以后，人口剧增、商业繁荣，中央和地方官员的行政事务逐渐增多，涉及的层面也越来越广，这就需要各种不同专长的人才来专门辅佐某一方面事务的处理，即使一个小小的县官，其幕僚也"多则十余人，少则二三人"。数量众多的师爷按照其职能可以分为刑名、钱谷、书记（书写信函和起草公文）、挂号（管理公文）、朱墨（用朱笔和墨笔抄点勾圈公文）、征比（征收、催缴钱粮）、账房（经营银钱出入）、圈卷（校阅试卷）、奏摺（起草摺奏）、发审（处理发审案件）等，由于各幕主行政事务的繁简不同，这些不同种类的幕僚并不是每个幕府都有的。

4. 在外交方面起着至关重要的作用

清代幕僚与晚清外交也产生了密不可分的联系。道光、咸丰以后，地方上总督、巡抚这些大员的势力日益膨胀，其幕府和幕僚空前发展，幕僚也开始在晚清内轻外重的新格局形成过程中扮演了举足轻重的角色。鸦片战争以后，清王朝闭关锁国的政策被打破，从五口通商到总理衙门和南北洋大臣的设立，再到驻外使馆、时节的设置、派遣以及外务部的设立，清政府开始涉入近代外交事务中来，但是这对于清廷而言是一件完全陌生的事情，因此各级相关的官员纷纷招募了一批熟悉国外情况、掌握西方语言的幕僚做翻译，搜集西方情报，运筹外交斗争的策略方针。李鸿章幕府中就有大量的洋务幕僚，如薛福成、刘含芳、盛宣怀、马建勋、张佩纶、唐廷枢等。他们通过自己独有的知识才能，在晚清的各种外交事务中起到了十分关键的作用，可以说中央、地方官员主要是通过他们了解外国情况、筹划参议对外政策方针、协调指导各地对外交涉事务。这是以往历朝历代幕府所没有的状况，在晚清政局大变革中这些幕僚通过自身的努力参与到其中来，在这时局动荡的年代处处显现他们的身影。

5. 幕僚成分发生转变

清代以少数民族入主中原，初期遭到了汉人的顽强抵抗。为了加强思想控制，清初统治者实行严苛的文化专制政策，文字狱此起彼伏，在这种氛围下，汉人士大夫、有学之士不敢过问政治，只能专心于经学的研究。清代中后期腐朽的封建制度日益显示出其僵化、腐败的一面，官僚系统也逐渐僵化，社会状况空前复杂，在这种特殊的社会背景下，被压抑已久的士大夫们政治主动性得以激发，经世致用的思潮再度兴起。但是科举制的入仕之途使得许多有识之士纷纷落马，他们空有一腔理想、热情和才华，却无处施展，入幕就成为一条实施自己理想抱负的道路。他们通过一段时间的学幕（学习各种专门的行政管理知识和技能），就可以到官衙去做各种师爷，也因此形成了幕僚一般来源于科场蹭蹬、仕途不顺的读书人。

这一时期的幕僚，除困顿场屋不得志的士子和未得实缺的候补官外，越来越多的是志在务实因而具有时代所需要的各种知识技能的那些人，其中还有不少已有科名而致力于实务者。

6. 清代幕府实现了向近代转型的变革

晚清随着政治、军事的变局和社会、经济、文化的变迁，幕主在衙署内外设立了一系列的政务、军务、经济或者文化机构，如创建军队、办实业、建学堂等，在这个过程中就延聘了一大批幕僚在其中任职办事，这些人自然也就成为了幕府人员。同时幕僚的薪资不再局限于幕主的俸禄，而是被转到各有关单位中去开支，幕僚与幕主开始逐渐脱离了原本的经济关系，其薪金改由任职机构支付，逐渐向近代职员的工薪制转化。

■ 多谋善断的"老夫子"

幕友无官之名，却有官之实；不仅为下级衙门官吏所畏惧，而且深得本衙门长官（幕友常称他们为东家、东翁）的倚重，主要原因，除了他们有着丰富的专业知识外，还在于他们临事能随机应变、多谋善断。衙门中除了日常繁杂的行政事务外，还有大量的交际应对、送往迎来等活动。俗话说，官场如战场。宦海风波险恶，稍有不慎，便可能遭到灭顶之灾。而幕友人虽在衙门中，却置身于官场争斗之外，正所谓当局者迷，旁观者清，遇事往往能够机智冷静，采取巧妙的对策，帮助衙门长官逢凶化吉。幕友常用的应变权术，大致有以下几种。

1. 将错就错

相传清朝末年，湖北有某县令，是个鸦片鬼，烟瘾极大。一天，他正躺在烟榻上吞云吐雾之际，外面送进来一封"钉封"的公文。这种"钉封"的公文并不用浆糊封口,而只用锥子在上面扎一个洞眼,再用线穿拈上,算是一个钉子,封住公文,表示事情紧急,来不及封口的意思,其实这种公文人人都很容易打开。县令躺在烟榻上无事,便将"钉封"的公文打开来看,原来是刑部核准的偏远地方某县处决罪犯的回文,由驿站传递经过此地。县令看完后,随手将公文放在了一边,继续去过他的烟瘾,却没想到火花落在了公文上,等他发觉时,公文已烧去一角。县令大惊,不知所措,赶紧将师爷请来。师爷一见,说道:这没有什么,只要给我五千两银子,包你一点事没有。县令无法,只得拿了一张银票给他。师爷接过银票,然后拿过那张烧坏的公文,放在火上,干脆将它全部烧了。县令一见,吓得手足无措,连声叫苦,师爷却不慌不忙,拿来一张白纸,放进封套之中,再照原样钉封好,叫交驿站发出。果然,这份空白的公文照样一站一站地传递下去,中途偶尔有打开偷看的,见是一张白纸,也吓得不敢声张,深怕担上遗落公文的罪名。一直传到终点,当堂拆开,还以为是刑部吏员办事粗心,错把白纸当公文装进了封套,谁也没有想到会是这位师爷将错就错地玩了调包计。只是县令事后心疼那五千两银子给得不值得,但后悔也来不及了。

2. 避重就轻

小说《二十年目睹之怪现状》中就记载了这样一件事:广州城发生了一起由械斗引起的人命案件,地方官考虑到如果据实照械

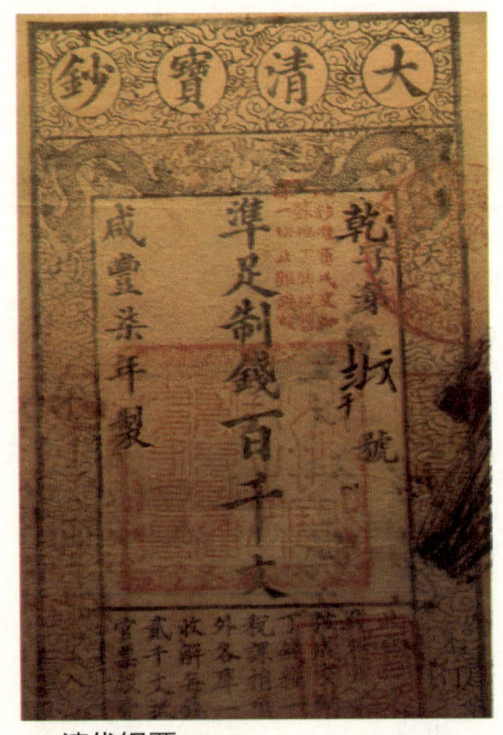

▲ 清代银票

斗上报的话，必然会牵连许多人，于是便私下改了案卷，只说是某月某日因看戏时碰撞，彼此发生纠纷，殴打致死。案件奏报到刑部后不久，突然收到刑部发来的一封敲竹杠的信：要向广州城大小各衙门借银十万两。总督接到这封信后，大吃一惊，却弄不清是为了什么事情。便召集巡抚、布政、按察两司及广州知府等省城官员，大家一起想了半天，才想起这起奏报的案件中所说的某月某日看戏肇事，这一天恰好是皇帝、皇后去世的"忌辰"，按照法律规定，忌辰这一天是禁止看戏娱乐的，而省会地方，公然在这一天演戏，还因此引起人命案件，这个罪名可不轻，所以也难怪刑部吏员借机敲诈了。总督埋怨按察使，按察使又埋怨起草案卷的刑名师爷。没想到师爷却不在意地说：这事好办，只要总督愿意自我检讨，承认错误，扣罚三个月的俸禄就行了。按察使将师爷的话告诉了总督，总督一听，立刻答应。于是，师爷便以总督的名义起草了一份奏折，说某月某日奏报的某案中，看戏肇事一句里，看字之下，戏字之上，误脱落"猴"字，原文应为"看猴戏肇事"。照惯例，奏折内错一个字，不过是扣罚三个月俸禄的处罚。于是，一件惊天动地的大事，被师爷轻轻一字，便冰消瓦解了。

3. 遇事敷衍

清朝末年，张之洞为湖广总督，大办洋务，振兴实业。他发咨文给南方各省，要求调查各地物产。当时浙江玉山县令接到命令后，便将县中所有的树木茶纸等土特产据实上报。幕友一见，立即阻止他说：这些树木茶纸等土特产都是振兴实业的有用之物，上司接到报告，必定会派人来调查研究如何开发利用这些资源，这样的话，仅仅接待应酬他们，就足以使你疲于奔命了，更何况事情还不止如此。不如以土产的玉蟹、墨兰等玩物报上去，上司见此，最多不过一笑置之，决不会责怪你的。县令按照幕友的办法，用一二件玩物报了上去，上司一见，果然置于一旁，不再理会玉山县物产调查之事。

4. 反客为主

浙江有一知县，深得本省巡抚器重，但又得罪了本省将军（驻防一省的八旗兵统帅）。将军屡次在巡抚面前说他坏话，但巡抚总是袒护他，于是，将军便伺机整这位知县。某年元旦，全省官员行朝贺礼，这种朝贺礼是将皇帝的万岁龙牌设在总督衙门正中亭内，官员按照品级官职高低大小，前后排为七班，将军总督为第一班，知县为第六班。行礼时必须恭敬如仪，否则便是对皇帝不敬，要追究法律责任。于是，这位将军便借口知县在行朝贺礼时有"失仪"的行为，具奏章弹劾。他认为，知县"失仪"，巡抚也有"失察"之责，自然不敢再袒护知县了，奏章报上去后，朝廷降旨严令巡抚彻底追查。巡抚明知这是将军故意找碴，却又无可奈何，便找师爷来商量办法。师爷一听，说，此事好办，只要在奏章中加八个字：参列前班，不遑后顾。

在朝贺时，巡抚排在第二班，是站在知县前面，知县是否"失仪"，巡抚脑后又没有长眼，是不可能看到的。所以，这八个字，便将巡抚置于这场是非纠纷之外。同样，将军官从一品，排在第一班，也不可能看见身后知县的行为，除非他回头，而在朝贺行礼时回头，本身就是一种"失仪"的行为。巡抚的奏章送上去后，朝廷果然又降旨，叫将军解释清楚，将军没想到会搬了石头砸自己的脚，结果反而因此事被撤职查办，而巡抚和知县则一点事也没有。这位绍兴师爷的八个字，不仅救了一位知县、一位巡抚，而且扳倒了一位将军，真可谓是老谋深算了。

■ 无名有实的审判官

在名义上，州县衙门的审判事务由衙门长官负责，从案件的调查、审讯直到作出判决或是判决意见，都是由衙门长官一人主持的。但是，正如上文所说，衙门长官事实上对基本的法律知识知之甚少，因此衙门中有关刑事及民事案件的审理，都是由幕友经办。一般来说，斗殴、凶杀、奸情、继承、婚姻等案件，归刑名师爷经办；争房产、钱债交易等案件，归钱粮师爷经办。

幕友并不是官，所以他不能参与审判，更不能代替衙门长官进行审判活动。清代的"名幕"汪辉祖说过：听讼是主人的事，不是幕友所能一手代替的。幕友通常只能在屏风后旁听，了解案件的审讯情况。然而，衙门长官坐堂问案往往只是一种形式，对案件审理起主要作用的常常是屏后听审的幕友。

清嘉庆年间，广西灌阳县发生了一起离奇的凶杀案。灌阳多山，县民以垦山为生。一个名叫王乙的人，他单身一人从外地来此，依山筑庐而居。王乙有个名叫王大的族子，一年中也来此两三次，每次来总是在王乙家中住上几天。时间一长，左邻右舍也都认识他了。一天，王乙的邻居们发现他好几天没出屋子，便一起去看他，谁知推门进去，只见王乙的尸首赫然躺在床上，但头却不知到哪里去了。邻居们一见，不知如何是好，商量半天，决定大家凑钱安葬算了，不要去报官。不久，王大又来看望叔叔，邻居们便告诉他王乙因病去世了，并将安葬的地点也指给他看了，王大大哭一场后便离去了。几天后，王大又来了，并请邻居们吃饭，席间，他感谢邻居们做好事安葬了他的叔叔，但又表示想把叔叔的遗骸带回故乡。邻居们一听，便想阻止他，但王大坚持要迁葬。棺材一打开，只见里面躺着的是一具无首的尸体。邻居不得已，只得把实情告诉他。王大便要报官，邻居们非常害怕，想用钱来收买他，请他不要报官，但王大要价太高，邻居们拿不出这么多钱，结果事情闹大，被官府知道了。知县便下令把邻居们统统逮捕，严加拷问，那些熬不住酷刑的人，只好自己诬认杀了王乙，但又说不出死者的头到哪里去，于是这便成了一桩悬案。

不久，原知县离任，新知县杜某上任，他聘请一个名叫刘世澜的人为幕友。刘世澜是一个法律专家。他阅读了此案的案卷后，便对杜知县说：此案有疑，从王大这个人来看，并不像是有能力将王乙遗骸带回乡安葬的人，但他坚持要开棺，说明他已经知道尸体无首，谁又能说不是王大杀的呢？再说，死人没有头，又怎能肯定他是王乙呢？于是，杜知县召集邻居们讯问了有关情况，再把讯问的结果告诉刘世澜。刘世澜与杜知县商量后，教了他一套办法。

第二天，杜知县升堂重审此案。他先抬出了各种刑具，然后厉声对王大说：是你杀死了自己的叔叔，你要从实招来，否则就要动刑。王大大惊，连连叩头，说叔叔并没有死。杜知县一听愕然，马上又追问人在何处，王大只得承认是在自己家里。于是，杜知县一面命将邻居们全部释放，一面派差役去王大家将王乙捉拿归案。差役们到王大家，出来开门的果然是王乙。王乙到案后，只得如实招供了事情的经过。原来，那天有一个过客来王乙家避雨借宿，正巧王大也在，他见此人包裹中带有金银，便起了歹意，与王乙一起将他杀死，然后割下他的头藏了起来，并给他穿上了王乙的衣服。后来王大听说邻居们误认为是王乙而将死者悄悄安葬了，他又想借此再"敲"邻居们一笔钱，没有想到反而败露了罪行。

案情真相大白，人们都称赞杜知县断案神明。但后来才知道，这一切都是刘世澜的计谋。他从案件的疑点中，推断出王乙必定未死，所以给杜知县设计了一套审讯方案。因此，此案事实上的审判官是这位在幕后出谋划策的幕友刘世澜。

不仅对案件的审理主要取决于幕友的意见，而且衙门中整个审判活动的程序，一般也是由幕友一手经办的。这些程序主要有：

第一，代批呈词（诉状）。老百姓打官司，首先必须递交诉状，而这些诉状总是先经幕友批阅后再交衙门长官审阅，所以诉状是否受理，实际上是由幕友来决定的。

第二，签差传唤拘提。呈词（诉状）批准之后，接下去便是要传唤当事人、证人，拘提被告人，这一工作，通常也是由幕友决定的。

第三，确定审讯日期。命差役传集当事人及证人，决定审讯日期，也是幕友的职责。幕友一般是根据衙门长官的情况，确定审讯的日期和期限，但必须有宽裕的时间让衙门长官准备，以免临时手忙脚乱。不过日期一旦确定，就不能轻易临时更改。

第四，参与审讯。审讯案件虽然是衙门长官的事，幕友不能亲自出面，但通过在屏后旁听，协助主人审讯，指点审讯要点，引导审讯活动的顺利进行。

第五，代拟判决。这是幕友最主要的一项职责，也是幕友操纵审判的具体表现。一般来说，凡处以笞、杖刑的轻罪案件，州县衙门的长官可以当堂作出判决；而徒刑以上案件，州县衙门只能拟定判决意见。但不论当堂判决还是拟定判决，都是由幕友代笔的，尤其是拟定判决意见，对上级衙门的复审有着直接的影响，所以事实上对罪犯的判决很大程度取决于幕友。乾隆三十年（1765年），浙江乍浦同知及参将捉获渔匪，为了邀功，竟然株连六七十人，此案交由平湖知县刘国煊审理。当时名幕汪辉祖正在县衙当幕友，经过审讯，查明仅林好一人有抢劫行为，其余十六人有偷鱼窃网的行为，而另外数十人完全是被冤枉的。但参将为了邀功请赏，在总督面前夸大其辞，结果总督一面斥责刘国煊办事不力，一面以捕获江洋大盗上奏朝廷。朝廷令江浙两省的巡抚会审此案，两巡抚又令杭州知府邹应元亲自审理，汪辉祖向邹应元剖析事理，证明原审并无错误。而邹应元衙中的幕友见此案关系复杂，都托故不参与审理，于是邹应元又只得请汪辉祖代拟判决意见。汪辉祖不顾总督、巡抚的偏见，仍坚持原来意见，将抢劫犯拟绞刑，十六名犯有窃盗的犯人分别判处流、徒、杖、笞刑，其余无辜被冤枉的人一概释放。案件报上刑部后，刑部同意按照汪辉祖所拟定的判决意见执行，数十人的生命总算得以保全，而汪辉祖虽然是以幕友的身份参与此案审理，但他拟定的判决意见对此案的审理结果却产生了直接的影响。

■ 幕友的"四救四不救"

　　幕友负有代拟判决书或判决意见的职责，因而在很大程度上掌握了案件的决断权。按常理，罪与非罪，以及罪轻与罪重，在定性量刑上，国家法律有明文规定。但事实上，用于定罪量刑的，除了成文的律文、条例之外，还有各种通行则例、成案，以及虽然不是法律，却又能直接影响案件判决的伦理道德和风俗习惯，而这些法律规章和道德习惯在内容上不仅繁琐复杂，而且参差矛盾，确实能够使幕友在其间任意出入，尤其是可轻可重之间，幕友笔下的一句话可以决定犯人的生或死。

　　某县有王振斋与李子仙两人，他们原本是一对好朋友。王振斋好武，喜欢舞刀弄枪，李子仙总想向他学几招。一天，李子仙又去拜访王振斋，王振斋留他吃过午饭，又拿出新买的倭刀向他炫耀，只见刀刃锋利，寒光逼人。王振斋拿着刀舞了几招，李子仙看了，忍不住也拿过刀舞了起来，谁知用力过猛，刀锋从王振斋颈部划过，王振斋立即倒地身亡。王振斋的家属便去衙门控告李子仙用刀杀死王振斋，要李子仙抵命。幕友知此案并非故意杀人，但王振斋已死，凶器等证据俱在，难以替李子仙开脱罪责。他考虑再三，最后将王家呈交的诉状里的"用刀杀人"的"用"字笔画拖长，改成"甩刀杀人"。用刀是有心故杀，甩刀则是无意误杀。案件报上去后，李子仙果然被减罪处理，免于死罪。一字之改，救活了一条人命。

　　正是由于审理案件的这种事实上的随意性，所以幕友办案时，有着一套约定俗成的逻辑，那就是所谓的"四救四不救"，即救生不救死，救官不救民，救大不救小，救旧不救新。

救生不救死，这是因为死者已死，即使替他们昭雪，也没有办法使他们死而复生；而生者（凶手）尚生，如果判处他们死刑，替死者抵命，那等于又要多死一人。所以他们宁可委屈求全，也要尽量保住生者（凶手）的生命。至于被害的死者含冤与否，那就不计较了。

救官不救民，是因为当事人不服原判而上控的案件，如果予以改正，那么原审的官员会因办错案而受到严厉处罚，他的前途也可能因此而毁了。为一个案件而毁了一个官员的前途，这样做不值得。相反，如果对上控案件维持原判，那么上控的当事人最多不过是以诬告反坐，判处流刑而已。至于原审官员是否真的枉断，那也就不去管他了。

救大不救小，是因为在官员办错案件集体承担罪责时，如果把过错推给上级官员，那么官位越高的，受到的处罚可能也越重，而且牵连受罚的范围也越广；相反，如果把责任推给下属，那么上级官员受到的责罚就可以减轻。至于下属是否应当承担这种罪责，也就不去管他了。

救旧不救新，是因为旧官已经卸任，如果把办错案件的责任加在他身上的话，使他不能尽快交卸职权，这样做是得不偿失的；而新官刚来，如果把责任加在他身上，一则他可以刚上任不了解情况为借口，敷衍一下，二则以后还有的是时间去慢慢办理。至于新官能否承担责任，那也不去管他了。

幕友的这种"四救四不救"的逻辑，实际上是曲纵罪犯、袒护上司、推卸责任，而不是真正查明案情真相。在当时，幕友也因此被人们称为"四救先生"。

在幕友的这套"四救四不救"的逻辑中，最主要的就是"救生不救死"。清代的名幕友汪辉祖在《佐治药言》一书中说过："求生"二字，是自古以来法官办案的要诀。虽然国家刑法对罪犯是否应当处以死刑有着一定的标准，并不是幕友可以随意高下其手，但如果案情是介乎

▲ 古代生活场景

可轻可重之间，那么幕友笔下的只言片语，对罪犯来说就是出生入死了。所以在这种情况下，就应该设身处地，为罪犯求生着想，只要幕友心"诚"，总会寻找出一线生机的。

曾有这样一则案例：某人因遭他人迫害，情急无奈之下，将迫害他的人杀死了。他杀人的行为虽然事出有因，但依法却又不能予以宽容。县衙审理后，报知府衙门逐级复审。县衙幕友在判决意见上，写了"情有可原，理不可恕"，依法当抵罪。府衙的幕友看了案卷，想替罪犯开脱，但原判决上的一句"理不可恕"却已经把话说死，扳不回来了。府衙的幕友考虑再三，最后一字不改，只是将这两句话的前后位置颠倒一下，变成"理不可恕，情有可原"，这样一来，把话说活了，既然是"情有可原"，自然就可以酌情减轻罪责了。案卷报上去后，此人果然得以减罪。可见，在可轻可重之间，只要幕友以"求生"之心替罪犯开脱罪责，总可找到机会。而这种哪怕是极其细小的开脱，对罪犯来说可是关系重大。

幕友的这种"救生不救死"，替罪犯"求生"的逻辑，从积极方面来说，能够谨慎办案，进行周密细致的调查研究，尽量减少冤错案件的发生。汪辉祖一生做了数十年的幕友，在他手里经办的案件，真正被判处死刑的犯人仅六人。尤其是有些大案，经过仔细认真的调查询问，发现其中疑点，终于使无辜受冤屈的人得以平反昭雪。

然而，从另一方面来看，按照"救生不救死"的逻辑，一味地替罪犯开脱，则会放纵罪犯，而使被害者的沉冤得不到昭雪，这对死者是不公平的。这不是公正执法，而是袒护罪犯。清代的张集馨就认为，这种"救生不救死"的说法完全是"劣幕"们的邪说，最足以造孽，它使得凶徒漏网，死者含冤，而罪犯则更加肆无忌惮。

　　纪昀在《阅微草堂笔记》一书中，讲了这样一个故事：一个姓余的人，做了四十多年的幕友，他自认为是存心忠厚，从来不敢妄杀一人。然而，当他病危时，却梦见许多浑身是血的厉鬼站在床前，对他说：你知道残酷刻薄会招来怨恨，却不知忠厚也能招来怨恨，我们这些人无辜被罪犯杀害，含恨九泉，只希望你能替我们申冤，制裁罪犯，谁知你却刀笔舞文，替罪犯开脱罪责，使得凶残的罪犯漏网，白骨沉冤，可你还自诩为积阴德，我们这些无辜被杀害的人，不恨你恨谁！这位姓余的幕友醒来后，将所做的梦告诉了自己的儿子，并连连打自己的耳光，说：我错了，我错了。这则故事，正说明了这种"救生不救死"的实质。

第二节　清代的著名幕僚

■ 神机妙算的邬思道

邬思道，字王露，浙江绍兴人。被称为诏兴师爷的祖师。自幼好读书，但是科举不得意，家贫，所以学习法家之学，以游幕为生，寓居河南开封。当时河南巡抚田文镜慕名聘请邬先生入幕，承办一件棘手的案件，果然与众不同，案子上报北京刑部顺利通过，不像以往屡遭批驳。这样，邬思道就逐渐得到了田文镜的信任。

一天，邬先生对田文镜说："您是想做一个出名的督抚，还是仅仅想做一个寻常督抚呢？"田文镜对这个问题感觉很突然，就回答说："那一定是要做名督抚的。"邬思道就接着说："那么就请让我来帮您做一件事情，您不要从中干涉、阻挠，我就能让您成为一位名督抚。"田文镜心中纳闷，问邬思道想要做什么事情，邬思道回答说："我准备为您起草一份奏疏，但是这份奏疏里面，一个字都不能让你看到，这份奏疏呈献给当今圣上，您的志愿就会完成了，不知道您能不能信得过我？"田文镜是个急功近利的人，看这位邬先生很自信，便答应这件事。于是，邬先生便取出一份早已写好的上奏文书，用纸将有字的部分遮住，让田文镜在空白处签上名字，封好，交给他的上司。田文镜虽然心中狐疑，还是打开上奏折的特制皮匣，装进去，上了锁，派人星夜送往京城。

邬先生为何如此谨慎小心，怕人知晓？原来这篇奏疏的内容是弹劾隆科多的。隆科多是雍正的娘舅，官居大学士，大学士就相当于实际的宰相。为什么隆科多能位极人臣？原来康熙晚年的时候各位皇子争夺皇位十分激烈，而最终皇位是由出乎人们意料的雍正帝获得，雍正之所以能够获得皇位，隆科多有很大的功劳。隆科多当时是陪侍康熙的至亲，又是保卫京师、封锁宫殿的统领，最后又是宣读康熙传位雍正"遗诏"的人。因此雍正当了皇帝后，隆科多恃功骄傲，不把雍正放在眼里，而且常常做违法的事，恃公不法，傲意日盛。雍正这时非常厌恶他，但碍于亲戚关系，对自己又是有功之人，不能轻易罢斥，故想清除他而正苦于无从下手。而当时内外大小百官，虽知道隆科多的不法之事，可没有人敢向雍正揭发。邬先生对雍正的心理揣摩得很透彻，所以敢做这件人家不敢做的事，实际上是利用皇族间的内部矛盾，上下其手，以图己欲。以田文镜的名义送去的奏章，正是雍正求之不得的，投其所好，以借刀杀人。雍正即把奏折发交六部大臣核议，经过查核，所弹劾的罪名事事属实，结果将隆科多办了罪。经过这一事件，雍正对田文镜也越来越信任，最终田文镜成为了雍正时期最有名的督抚之一。

此后，邬思道与田文镜在某件事情上发生了摩擦，田文镜以"封疆大吏"自居，冷淡了邬思道，邬先生便愤而辞职。田文镜无奈，又雇用了一位师爷。但说来也怪，此后每次奏事，总是不中皇上的意，老是被皇上指责。田文镜思之再三，后悔莫及，决定派人寻找邬先生，并愿出重金重聘。这时的邬先生已今非昔比，对来人说："每日不给白银五十两不去。"为了仕途，田文镜硬着头皮答应了。

于是邬先生神气十足地回到大梁府衙署，他不在衙门内住宿，每天辰时以入，酉时而出。每当他早晨走进屋里，看到案上放一锭元宝，发出灿灿光辉，精神为之一振，便欣然命笔，一日不辍。可如果哪一天田文镜忘记放银子在案上，他就拂袖而去。田文镜心中虽有不快，也只好忍了，使他高兴的是，自从请回了邬先生，皇上的态度渐渐好转，对他的宠幸不减从前。也许是皇上从河南来的奏折上看得出执笔之人的与众不同，也可能从传闻中听到了邬思道的名字，有一次竟在田文镜上的请安折上批道："朕安，邬先生安否？"这样邬先生"声动九重"的高才与大名也就传播得更远了。

邬先生在开封时不带妻小，孤身一人。每天所得50两银子，有的施舍贫弱，有的花在酒店、妓馆中，不留一毫到第二天。后来田文镜死了，其他督抚争着用重金聘请，可是邬先生竟不知去向。邬先生著有《游梁草》，他在田文镜幕府所撰的公文书牍，辑有《抚豫宣化录》，以田文镜的名义刊行，这部书过去绍兴师爷视为枕中鸿宝。邬思道也被绍兴师爷们认做是这一行业的祖师爷。

■ 助平三藩的蔡鹏

蔡鹏，字鸿宾，康熙年间江阴人。蔡鹏22岁那年，吴三桂等三个藩王叛乱了，康熙命令平寇大将军去讨伐他们。蔡鹏提起自己的宝剑，求见将军，请求将军一起去平乱，成为军中幕府的一员。将军看了看蔡鹏，觉得他年纪太轻，俗话说"嘴上无毛，办事不牢"，就有点不相信他有什么能力。将军就问他军事问题，没有想到，将军一问，蔡鹏立即就回答出来，还回答得非常有道理。将军再问，蔡鹏还是又快又好地回答了，将军连问了几个问题，蔡鹏都答得很出色。将军还是有些犹豫，这时候，两个军中的文书来求见将军。原来，将军命令他们写讨伐三个藩王的檄文，他们写了很久，始终不知道怎么写合适，不得不回来报告将军。蔡鹏看到这个情况，立即向将军要求，自己来写这个檄文。将军心想，让他试试，也可以实际检验他的才能，就同意了。那两个文书递上纸笔，蔡鹏提起笔来，都不用慢慢构思，立即就写起来。他写了洋洋洒洒几千字，写出了吴三桂的种种罪状，大将军奉命讨伐，军队数量庞大，战斗力强，百姓支持的种种情况。连半个时辰都没有过完，他就写好交给大将军。大将军拿着檄文，边看边点头，读到精彩的部分，还忍不住连连拍桌子，连连说："好，痛快！痛快！"放下檄文，大将军再看蔡鹏，觉得这真是传说中的"英雄出少年"啊，立即就任命蔡鹏做军中的文书。

大将军的军队出发了，在卢沟桥暂时休整。第二天早上，大军开始继续上路，士兵们列成纵队，按着顺序，小碎步在卢沟桥上慢慢走过。霎时间，桥上尘土飞扬。蔡鹏坐在马上，马蹄踏上桥面，他就觉得有点不对劲，马儿和平时不同，显得有些惊慌，落地也有些不稳定。他连忙下马，查看桥面。脚一落地，他就感觉桥面似乎在微微颤动，跑到桥边往下看，更加明显地看出，桥面确实有一点小小的上下震荡。这可是很不好的一个预兆啊，他认真思考一下，觉得事情很严重。于是，他立即骑上马，来到大将军旁边，告诉大将军说："报告大将军，大军过桥，我仔细看过桥面，桥面出现小的震荡，如果继续这样走，最多一半人过完桥，桥就会塌陷。到时候，士兵掉落河里。这还不是最严重的，大军重新筑桥，再过桥，就会赶不到皇上要求的地点，到时候延误战机，恐怕皇上会怪罪。请大将军立即下令，要求各军队加快速度，一定要在午时之前，所有人都过完桥。请将军下令。"旁边的副将游击们听到蔡鹏的话，都轻蔑地笑，都觉得蔡鹏未免太大惊小怪，哪有大军过桥，桥面不震荡的？大将军开始也是这么想，但是看看蔡鹏，脸上表情非常严肃，非常焦急。心想："不怕一万，就怕万一。"一旦桥塌了，延误战机，皇上归罪可是大大不妙。下令加速行军，本身也没有什么坏处，我这次就听他一回，看看结果如何。于是，大将军就命令各部队，立即加快速度，在午时之前，没有过完桥的官兵，一律按军法处罚。于是，大军加快速度过桥，桥面的震荡也越来越大，走在后面的士兵，已经非常明显地感觉到桥面在震荡。士兵慌不择路，深一脚，浅一脚，只顾往对岸跑去。就在最后一个士兵刚刚从桥上跑下来，军队经过激起的尘土还没有落下来时，只听见轰、轰、轰一声接一声的巨响，桥摇摇晃晃地上下晃动，动得越来越大，终于在一声震天响声中，桥塌陷了。所有士兵都看着桥塌下去，心中都有些后怕。大将军大吃一惊，不由得长叹一声，对蔡鹏说："之前我读三国，总觉得书中对诸葛亮、周瑜的才能有意夸大，现在看到蔡中书你，我才相信，世上真的有这样的少年英雄啊！"之前不信蔡鹏的副将游击们，这时候都争着夸奖蔡鹏。

从这次事件之后，大将军更加信任和重视蔡鹏，蔡鹏每提出的建议，他都认真考虑。大军也一路势如破竹，非常快就来到了萍乡。

萍乡在吴三桂的女婿夏国相的命令下，守卫森严，结果连攻了7个月，好不容易才攻占了萍乡。一攻破城门，各个将领都争着先入城，蔡鹏独独认为有诈，不可以急着进入。一个姓王的游击按耐不住，进入城里，结果遇到埋伏死掉了。大军就扫除埋伏，入了萍乡城。而萍乡是一个军事上的要点，萍乡和长沙的醴陵相连接，而长沙是湖南的重要屏障。因此萍乡被攻破，整个湖南都受震动。蔡鹏建议说，萍乡战败后，叛贼必定死守长沙这个险要地点。那么我军应该利用萍乡的有利地理位置，一面屯兵，收集军粮物资，作为后方；一面立即率精兵，抄小路，攻下长沙。一旦攻破长沙，叛贼就进不可以进攻，退不可以死守，一定会溃散。而且我军之前进军速度很快，也是才攻下萍乡不久，贼人一定来不及准备，现在趁他不备，立即派兵突袭，是上上策啊！

大将军觉得有道理，就采纳了他的建议。很快大军来到长沙城下，只见整个长沙城似乎都没有大战将至的紧张气氛，城头上只留有旗帜，竟然没有看到几个士兵。有些胆子大的士兵跑上前，试探地推了推城门，结果很惊奇地跑回来报告，城门居然没有关。众将领都你看看我，我看看你，丈二和尚摸不着头脑。只有蔡鹏，一个人骑着马，在大军前面奔跑着大声喊："快快入城，快快入城！"各个将领都疑心有埋伏，不敢前进。大将军一向稳重，此时也犹豫不定。蔡鹏再三向大将军要求进入城内，强调没有问题，不要错过大好机会，大将军始终放心不下，没有听从蔡鹏的意见，于是退兵到附近山岭驻扎。结果第二天一早，就收到密报，叛贼大将马宝昨夜赶到长沙，连夜入城，现在据城死守。之后大将军率军猛攻，整整3年都没有攻下长沙。

看到战事的前后变化，各个将领都在议论：蔡鹏真是神人啊！蔡鹏说："大家不了解，萍乡大战7个月，敌方应该早有防备啊！而且防守的是夏国相，吴三桂的女婿，他城破逃跑时，怕我们追他，自然要设埋伏来保护自己。长沙没有经历大战，更加没有料到我军来得这么快速，一旦看见大军旗鼓，百姓都下得四散逃难，城中大乱。这时候就是有个别副将游击，又怎么能够控制这个乱局。叛贼自保还来不及，哪里有时间设埋伏！"大家听了他的话，都十分赞同，到这时候各个将领都很佩服蔡鹏。

不久，由于整整3年都在攻长沙，军中没有了粮食物资。这时候有人建议撤退，待筹集到物资再进攻长沙。蔡鹏认为，自古凡是攻坚战，一定是有进无退，退就士气受损。至于物资，他自有妙法。他在军营中设了两个市场，然后告知周围商人百姓，可以来军中，卖给军队急需的物资粮食，一律高价，而且一定按市价给银子。结果不到十日，就筹集了所需要的物资。军队士气大振，很快重新发动进攻，攻下了长沙。

■ 乱世救星魏际瑞

魏际瑞，本名祥，字善伯，号东房，江西宁都人。17岁时，为补生员事改名际瑞。生于明万历四十八年，清康熙十六年被害。

魏际瑞生于宁都，家族上溯八代都有人被明朝皇帝册封，可谓是当地望族。明朝灭亡后，魏际瑞的父亲削发为僧，隐居在一个叫翠微峰的山林里，一向乐于幽闲的魏际瑞为了祖宗的祠庙，为了父母兄弟的生活所需，也为了家乡人的生命安危，挺身出头，承担起自己的责任来。

　　1650年，也就是顺治七年，清朝围攻宁都，县城被攻破了，魏际瑞一次又一次冒着生命危险，孤身一人到清营中去，和清军主事官员交涉，调停纠纷。他告诉清军将领，所谓胜利不是抢夺完财物，真正的得到民心才是朝廷江山长久的基础，不要在初次来这里就给老百姓留下伤痛记忆，屈服于一时的武力，百姓不会在内心里拥护新的朝廷。由于他在乡间县城一向都有名声，而且讲信义，办事公道，有魄力，不但为百姓、地方官推崇，就连清军的督抚大帅也以礼相待，终于取消向宁都乡村征收饷银的打算，也使那里避免了一次惨重的洗劫。

　　经过这次事件后，魏际瑞名声大振，清朝赣州游击刘伯禄仰慕他的才能，请他做自己的幕僚。1653年，刘伯禄升任广东潮州总兵，邀请魏际瑞和他一起前往。临走时，魏际瑞禀告他的父亲，他父亲说："我老了，本来不想你去。但是这个时候，正是最需要你救灾救难的时候。你这一去，如果不给老百姓方便，不救助不该被害被杀的人，你就不是我的儿子！"魏际瑞牢记着父亲的教诲，把救灾救难作为自己的责任。当时潮州民众，自发武装起来，占据城寨，清军久攻不下，一度僵持起来，潮州主管军事的官员对这个事情很生气，发下狠毒的话，一旦潮州城攻下来，就要将全城百姓全部屠杀，以泄心头的愤恨。身在幕中的魏际瑞知道这事后，很是着急，那可是一个城镇几万无辜百姓的性命啊。他知道自己去向主官求情，主官不会同意，没有办法，他就只有一而再、再而三地向刘伯禄请求，请刘伯禄珍惜全城百姓，向主官求情，放下这个可怕的念头。他每次在军营中见到刘伯禄，不谈别的事情，一张口就是说这个，刘伯禄一直不给他一个肯定的回答，他就一个劲继续劝说，晓之以情，动之以理。他说，大人当初为什么愿意邀善伯入府呢，最初不就是因为看中善伯对百姓的体恤之心吗？今天又是这样的关键时刻，大人为何不自己亲自办下这会流传千古的爱民之举呢？百姓知晓救命之恩了，也会对大人心生爱戴啊！几次下来，刘伯禄也被感动，被说服了，一见到魏际瑞，不等他开口，就抢先说道："善伯兄不必多说了，我知道你的心思，你对老百姓的爱护之心让我很佩服，我一定会尽全力和主官说的。"刘伯禄求见主官，劝说他不要如此杀戮，主官怒气还没有消除，就是不肯答应。这个时候刘伯禄就跪下来，给主官磕头；主官不答应，他就再磕头；直到第三次，主官才同意放弃这个想法。

在刘伯禄之后，魏际瑞到了南赣总兵哲尔肯的军帐下当师爷。1674年，即康熙十一年，这时候三藩叛乱已经发生，吴三桂部下，云南将领韩大任在古安发动兵变。他在宁都一带流窜，多次侵犯宁都。哲尔肯希望能够商议招安，平息叛乱，却一直都没能够实现。而魏际瑞是当地出名的公道正义的人物，于是韩大任提出，要他前来交涉招安的事情，而且说出这样的话："除非魏际瑞到了，否则我绝不相信。"于是，哲尔肯派魏际瑞去交涉招安事宜。魏际瑞八月时先经过家乡，把事情告诉了家人。家人认为，这次任务危险性很大，魏际瑞很可能要出什么事情，坚决反对。魏际瑞说："宁都这些年，几乎年年天灾，月月打仗，父老乡亲一直受苦，这次的战乱如果不赶快平息，老百姓什么时候才有安定日子过。而且，我听说韩大任是当世豪杰，我不希望他做不忠不义的人，希望他也有个好名声啊。万一没有成功，甚至有什么不测，那我也是死得有价值啊！"于是他不顾家人的坚决反对，毅然奔赴韩大任驻军的宁都上乡。而由南昌派出的镇压叛乱的兵员，凑巧也正在这时候，从东路逼近上乡。韩大任于是怀疑魏际瑞要出卖自己，魏际瑞来了，他不但拒不见面，反而将他扣留在军营内。而另一方面，耿精忠也想拉拢韩大任，承诺给他高官厚禄，属官也有丰厚奖赏。军营里面那些贪图奖赏的奸人，趁机在韩大任面前污蔑魏际瑞，劝韩大任投靠耿精忠。经过紧张密谋，韩大任最后决定投靠耿精忠，放弃哲尔肯方面的招安，打算拔营会合。行动之际，韩大任害怕消息走漏，也对奸人的挑拨将信将疑，就公然背信弃义，杀害了魏际瑞。

魏际瑞遇害的消息传到翠微峰，他弟弟魏礼带着魏际瑞长子魏世杰，连夜赶到出事地方。只见尸体满身伤痕，已经看不清面貌了。叔侄俩只得暂时把遗体运回山中。等到证实尸体的确是魏际瑞，再安排丧事。魏世杰十分悲痛，拔出刀就要自刎，被周围人奋力把刀夺走，他又猛力捶打自己的胸膛和腹部，结果内脏出血，每日全身剧痛，不能停止，直到21日后死去，死时年仅28岁。

■ 实务之才包世臣

包世臣，字慎伯，安徽泾县人，生活在嘉庆、道光时期。

他长期担任封疆大吏的幕吏，对对外关系、刑名、盐工、漕运等社会问题，均有深刻认识与见解。无论包世臣在哪个地方，在什么人手下做师爷，他始终关注着同一个问题。他生活的时期，鸦片已经成为一个重大的国家社会问题。乾隆五十一年，英国输入到中国的鸦片超过2000箱。乾隆五十五年直至嘉庆皇帝在位的25年间，每年走私到中国的鸦片都在4000箱以上。嘉庆五年后，清政府曾多次颁布禁烟令，但都没有起到任何效果。合法输入不行，鸦片贩子们则改为走私到中国。鸦片的贩卖地也逐渐从东南沿海扩及到内地各省，乃至京城。

包世臣最早就指出来，鸦片泛滥不单单是生命健康问题，更造成白银大量外流，物价上涨，国贫民穷。他以苏州为例，指出全城吸食鸦片者不下10万人，以每人每口耗银一钱计算，一年要耗银三四百万两。以此类推，则各省各城大镇每年所花费在吸食鸦片上的白银不下1亿两。这些银两最终都流入到外国人的腰包之中。而当时国家一年的各项收入也不过4000余万两，鸦片一项每年外流银两的数目就是国家每年税收收入的二三倍。国家银两缺少，那么银子的价值就高，物价也就相应上涨；民众纳税必须用钱折算，银子价值高就意味着民众要缴纳更多的赋税；缴税多，物价又涨，人民生活日益艰难，只会导致民怨沸腾。因此他主张严禁鸦片，他吸取以前清政府曾颁发过的数次禁令，但屡禁不止的教训，想从根本上禁绝鸦片，提出了"撤关罢税"，即撤销海关，取消关税收入，以禁绝鸦片贸易。可惜当时清政府还没有意识到鸦片有这么大的危害，没有听从他的建议。

包世臣也十分留心当时海外国家尤其是英国的情况。他是极少数的先知先觉者，预感到英国可能会因中国禁烟而发动侵略，道光六年（1826年），他写信给在广东海关做事的萧令裕，叙述了英国在南洋的情况，并明确提出英国可能以新埔（新加坡）作为跳板进攻中国。他忧心忡忡地指出："英国占领新埔，招纳福建、广东一带的'逃人'，询问他们有关福建、广东、江浙一带的事情，并且大量刊印汉文书籍，意图令人担忧。因为英国离中国五六万里，和中国打仗，路途遥远，而新埔近在咫尺，进退方便，完全可以是英国侵略中国的桥头堡。"因此，他建议当局，应派有胆有识的人秘密到达新埔，查看虚实，必要时撤回侨民，甚至可以派兵

▲ 吸食鸦片

驱逐英人，或者依照台湾的例子，改新埔为郡县。同时更要警惕英国可能因中国禁烟而发动对华侵略战争，因为英国利益受损不会罢休不说，就是禁烟后，广东、福建的富人失业，一定会怂恿英国挑起战争，迫使开发禁烟。果然不出包世臣所料，12年后，英国以中国禁烟为借口，发动了罪恶的鸦片战争。

鸦片战争爆发后不久，包世臣上书当权者，对如何应对这场战争提出了自己的见解。他提出可以利用各国矛盾，孤立英国。他认为与中国通商的各国中英国最强，其他各国都不能单独和它敌对，而英国则依仗自己的富强欺凌其他国家，各国的产品都被英国设关卡，收取高额关税，其他国家都敢怒而不敢言。中国应该利用其他国家对于英国的不满，联合各国国力，共同消灭英国。具体办法是：先封闭海关，关闭市场，然后由当局告知各国，中国所以封关绝市，是因为英国不遵守中国法令，走私鸦片，恃强凌弱。如果各国集合力量，一起在海上消灭英国，中国政府自然会"论功行赏"，仍准通商，并按贡献大小减免关税，即俗语说的"羊吃麦猪去赶"。而且利用他自己对英国的了解，他极力驳斥当时流行的英国只能水战不能陆战的荒谬观点。他劝说杨芳说："认为英国只是擅长水战，一登岸就战斗力大降，这种话千万不可以相信。英国虽然熟悉坐船，但是本就是在陆地长大，怎么可能不登岸？而且他们从万里以外过来，舍舟登岸，已把自己置于死地，又怎么不会压力更大，激发出战斗力？正所谓：置之死地而后生啊！"他提醒当政者万万不可轻视英国的作战能力。

鸦片战争中，清军腐败不堪，节节败退，遇敌就跑。相反，广东、江浙和福建沿海的广大人民群众自发组织起来，与侵华英军展开了英勇斗争，给英军以沉重打击。三元里人民，怒发冲冠，不甘被鸦片毒害，全乡人民群起反抗，高举的义旗遮天蔽日；嵊县沈山头义民，同仇敌忾，咬牙切齿，聚集起来破坏英军的火炮兵船，英军吓得不敢说复仇；嘉善寺住持，单身一人，手持木棒，山门外迎敌，英军被他吓退，整整五十日，不敢再到寺前。包世臣看到了民众中蕴藏着巨大的反侵略力量，他将这些积极反抗英军侵略的人称为"义民"，将其功业称为"义功"。他从义民身上看到了反侵略的希望与力量，得出"草泽中固大有人在"的结论。因此，包世臣向杨芳建议招收潮州壮勇进入军队，对三元里义民鼓励嘉奖，选他们补充水师，招募勇猛参战的那些怀远炮手、黑风径"水贼"和杭州轿夫，充分发挥他们抗击英军的作用和积极性。他相信只要吸收广大民众参加抗英斗争，抗英斗争也就一定能取得最后的胜利。他更加强调的是当局注意团结广大民众，采取措施，切实减轻民间疾苦，以改变官民结仇的局面，争取民众对反侵略战争的支持，否则，如果得不到民众的支持，以腐败不堪的清军作战，必然不败自败。

然而使包世臣感到愤慨的是，昏庸无能的清政府自己战斗力低下，却不仅没有接受他的建议，吸收广大人民群众参加抗英斗争，相反还害怕人民壮大，采取种种镇压的措施，对人民群众自发的抗英斗争进行限制、破坏和打击。其结果是自毁长城，在鸦片战争中惨败。

1842年，英军兵临南京城下，清政府被迫签订了中国第一份不平等条约——《南京条约》。包世臣听到这个消息，义愤填膺，但他不会轻易放弃。在他起草的《歼夷议》中，他为争取最后一战、将侵略者一举歼灭，提出了自己的谋划。具体内容是：利用英军的骄横，暂时忍让，使他们更加骄傲自大，然后松懈防备。派人悄悄找寻能工巧匠，制造火药桶。待一切准备好后，则设计调虎离山，由清廷大吏在城内摆设"鸿门宴"，宴请英军军官，同时以送菜为名将火药桶夹带上英军军舰上，乘机将它引爆。到时候，英军军官全部丧命，船上没有人发号施令，人人只求自保，突然发动进攻，必然可以大肆剿杀，务必做到全歼英国侵略者，使其"片帆不返"。同时，事先通知长江上下游的清军配合，堵住英军退路。如此，英军全歼，英船统统被烧，《南京条约》则不废自废。为实现这一歼敌计划,包世臣曾找过当时率兵驻南京城内的河南总统游击陈平川,要他将这一歼敌计划递给两江总督,但未被两江总督采纳。如果采纳,则恐怕历史都将发生改变。

综观这次鸦片战争,就当时中英双方情势对比而言,中国并非没有取胜的可能。中国之所以失败,其根本原因是那些愚昧无知、自毁长城的清朝统治者。他们不仅没有接受像包世臣一样的忠臣的意见,没有争取和利用民众的力量,反而一味地残酷压迫和巧取豪夺。他们更加愚昧地以为,签订完《南京条约》就可以摆脱纷扰,哪知道英国侵略者的欲望是没有止境的。虽然包世臣此后又再次提醒清政府,做好再次反侵略战争的准备,可是清政府照旧不理会,结果被列强一步一步瓜分,最终覆灭,也是其咎由自取吧。

■ 战事筹饷的钱江

钱江,字东平,浙江长兴人,道光年间人。

鸦片战争爆发后,他到广州参加抗英运动,所撰写的《全粤义士义民公檄》慷慨激昂,鼓舞了广州人民参加反英斗争。他结识了当时在广州禁烟的林则徐,之后作为林则徐的师爷,和林则徐一起到新疆治理政务,也干出了一番成绩。这以后,他的一腔热血和满腹才华也名扬天下。

不久,太平军攻占南京,当时局势非常复杂。钱江忠于朝廷,觉得这正是自己报效朝廷的机会。他自己就好像口袋里面的一把锥子,正是脱颖而出的大好时机。于是他一路南下,边走边招募壮士和他一起去南京平叛。由于他名声很大,虽然他没有一官半职,虽然是千里迢迢到南京去打仗,但还是有很多人愿意和他一起去。等他来到淮阳时,已经召集了3000名壮士。这时候,清军江北大营的帮办军务大臣雷以诚也带着他所募集的团勇,驻守在万福桥,和钱江所在地不远。

钱江去拜见雷以诚，他口若悬河，把自己一路思考的用兵、筹饷办法，一一向雷以诚说明。当时，很多读书人都纷纷投军，想要凭着带兵立功，然而很多人都只会空谈，不能做事，一般官员不会收下他们。雷以诚也听说过钱江的事迹，现在听他说得也头头是道，就决定暂且收下做军中幕府一员，然后看表现再决定是否聘用。

这个时候，太平军已经占领南京，并且建立了政权。这在朝廷看来是非常严重的反叛事件，于是下令各路清军务必迅速消灭太平军，收复南京。各路军队云集在长江两岸。而在长江以北，已经屯集了几万兵马。几万兵马需要大批的粮饷，而当时由于叛乱，漕运不通，朝廷府库也没有什么积蓄，就下令帮办军务大臣雷以诚负责解决江北大军的粮饷。需要的粮饷很多，时间又非常急迫，雷以诚非常焦急。他首先打算从附近府库调集粮饷，然而由于战乱，交通不便，根本无法及时运到。雷以诚忙活了几天，还是两手空空，他再也想不到什么办法，急得一天到晚在军帐中到处乱走。钱江早已想到筹饷的办法，之前和雷以诚说，他却敷衍地听，所以到军幕中后，他再也没有提自己的办法。这次看到雷以诚如此心急，就向雷以诚提出了自己的筹饷办法。

他的筹饷办法就是，要求江浙一带的富商捐饷。他先向雷公索取了1000多张的空白证明，然后邀请富绅们聚会。告诉那些富绅，凡是捐饷者，凭此证明文书，看捐款数量的多少，可以穿着相应品级的官服上街。官府按照对应品级，派出官吏为他们服务，前面有官吏鸣锣开道，中间兵士官吏护送，后面还有人负责押尾。总之，一切按照真的官员出巡办理。开始富绅们还有些犹豫。后来有个心急的富绅，首先捐饷，他上午捐资，下午立即着官服上街，前呼后拥，鸣锣放炮，非常热闹。这些富绅谁不想过一把当官的瘾？看到这种情况都争先恐后，踊跃捐资。没几天的时间，就筹得饷银10多万两。然而这还不够，钱江又提出了"厘捐法"。这种方法，和现代的商业税有些类似。就是对商人根据其买卖的多少，令其每赚1000文捐钱一文，小本经营则免收。具体办法是：对坐商设官局收税，对行商则在水路交通要点设卡收税，然后每月汇总，作为军饷。这种方法由于从商人的经营中抽取的不多，商人也都愿意交纳，一般没有借故拖欠不交的。个别不肯交的，钱江和军中其他师爷，带领兵士上门，劝说以后如果还不交，就把商人抓去当兵，直到家人补交才放回去。一时间，那些拖延不交的商人，都很害怕，也不敢不交了。于是军饷也就源源不断地流来。

军饷充足，雷以诚的忧愁一扫而光，军中士气也高涨起来。江北大营领兵的大帅，都把雷以诚看做"金城"，而雷公也把钱江当成自己不可缺少的左右手。然而此时，事情却往着不好的方向发展。钱江为了筹饷终日口干舌燥，困乏不堪，但是他也只是索取千分之一，而且只向大商家收税，小本经营不用交税。但是到后来，一些官员趁机贪污受贿。他们私自收取百分之一甚至十分之一，然后对钱江仍然谎称千分之一，多的钱就自己私分。有些特别贪的人，不顾规定，在各个要道胡乱设卡，乱立法规，后来发展到不管是否商人，凡是过关卡者，都要交钱，从而使商家交纳的税金多入私囊，对国对民毫无益处，这些现象实在是令人痛心。有人告到钱江那里，钱江派出属吏查验并惩治，但是惩一漏百，屡禁不止，每况愈下。这些都不是钱江创立厘捐法的本意，也是钱江所始料不及的。

钱江向来恃才傲物，又认为自己此次立了大功，更加看不起这些无能又贪婪的官儿们。有次军中聚会，一杯酒下肚，他便吐出"天下之坏，坏于官"的话儿来，怎不招人记恨。骂者虽不经心，被骂者自然咬牙切齿。其中一个知事张栩国，原本是由钱江介绍入营的，屡次被钱江斥骂，也反目成仇。雷以诚亲信的某同知，也非常痛恨钱江，常常在雷以诚面前说钱江的坏话，想除掉钱江。这时候的钱江名声更加响亮，而雷以诚又是心眼较小，容易犯红眼病的人，更是容不下钱江。

之前只是因为需要钱江帮忙筹饷。等到筹饷完成，就更加看钱江不顺眼。有一次一起喝酒，钱江又多喝了几杯。钱江和雷以诚有件小事意见不合，钱江居然当面呵斥雷以诚，雷以诚气得双眼直冒青烟，怒声呵斥钱江。钱江掷杯而起，嘴里说："就是不对，你能把我怎么样？"张栩国和那个同知在一旁添油加醋，怂恿雷以诚："杀了他，杀了他！"雷以诚拍案大喝："杀了你，难道我还不敢？"不等钱江说话，就叫左右把钱江扯出去。张栩国拔出刀来，便在营门外把钱江砍翻了。然而钱江毕竟是有功的人，雷以诚也不敢担待杀害功臣的罪名，就捏造事实，上奏章说发现钱江行踪诡秘，和洪秀全秘密通信，所以军法从事。这些纯粹是莫须有之事。

由钱江所创的厘捐法，全国各省都仿照推行，曾国藩也很欣赏此做法。曾国藩说，解决军饷问题，与其从老百姓那里出，不如从商人那里出。农民本来就因已经因为不堪重负参加太平军了，再加赋税，岂不是把百姓往死路上逼，太平军的力量会更大，要镇压会更加困难。对清政府来说，钱江实在立下了汗马功劳。

图片授权

全景网

壹图网

中华图片库

林静文化摄影部

敬　启

本书图片的编选，参阅了一些网站和公共图库。由于联系上的困难，我们与部分入选图片的作者未能取得联系，谨致深深的歉意。敬请图片原作者见到本书后，及时与我们联系，以便我们按国家有关规定支付稿酬并赠送样书。

联系邮箱：932389463@qq.com

参考书目

1. 陈放，孔明丽．话说中国幕僚．北京：中国经济出版社．2011
2. 朱聘．中国全史（简读本）5：秘书史、幕僚史（上）、幕僚史（下）．北京：经济日报出版社．1999
3. 莒人．幕僚学上·幕僚学下．北京：中国档案出版社．1998
4. 憨氏．幕僚——中国命运的实际操纵者．北京：教育科学出版社．1993
5. 杨晓升．幕僚．北京：长征出版社．2006
6. 朱卫军．中华帝王身边的幕僚们．上海：浦东电子出版社．2002
7. 雪川．幕僚生存智慧．湖北：武汉出版社．2011
8. 王东炎．幕僚社会思维学概论．北京：中新出版社．2007
9. 黄晓阳．幕僚．长春：吉林出版集团有限责任公司．2014
10. 林良基，吴锦娟，张红．中国古代哲学．大连：大连出版社．1997
11. 李治安，杜家骥．中国古代官僚政治．北京：中华书局．2015
12. 阎步克．中国古代官阶制度引论——中国古代官僚等级制度研究．北京：北京大学出版社．2010
13. 李治安等．中国古代官僚政治——古代行政管及官僚病剖析．北京：书目文献出版社．1994
14. 曾小华．中国古代任官资格制度与官僚政治．浙江：杭州大学出版社．1997
15. 张分田．亦主亦奴 中国古代官僚的社会人格．浙江：浙江人民出版社．2000
16. 吴宗国．中国古代官僚政治制度研究．北京：北京大学出版社．2004
17. 夏曾佑．中国古代史．北京：三联书店．1955
18. 雷依群等．中国古代史．北京：高等教育出版社．1999

中国传统民俗文化丛书

一、古代人物系列（13本）
1. 中国古代乞丐
2. 中国古代道士
3. 中国古代名帝
4. 中国古代名将
5. 中国古代名相
6. 中国古代文人
7. 中国古代高僧
8. 中国古代太监
9. 中国古代侠士
10. 中国古代幕僚
11. 中国古代皇后
12. 中国古代士人
13. 中国古代华侨

二、古代民俗系列（10本）
1. 中国古代民俗
2. 中国古代玩具
3. 中国古代服饰
4. 中国古代丧葬
5. 中国古代节日
6. 中国古代面具
7. 中国古代祭祀
8. 中国古代剪纸
9. 中国古代鞋帽
10. 中国古代生肖文化

三、古代收藏系列（16本）
1. 中国古代金银器
2. 中国古代漆器
3. 中国古代藏书
4. 中国古代石雕
5. 中国古代雕刻
6. 中国古代书法
7. 中国古代木雕
8. 中国古代玉器
9. 中国古代青铜器
10. 中国古代瓷器
11. 中国古代钱币
12. 中国古代酒具
13. 中国古代家具
14. 中国古代陶器
15. 中国古代年画
16. 中国古代砖雕

四、古代建筑系列（12本）
1. 中国古代建筑
2. 中国古代城墙
3. 中国古代陵墓
4. 中国古代砖瓦
5. 中国古代桥梁
6. 中国古塔
7. 中国古镇
8. 中国古代楼阁
9. 中国古都
10. 中国古代长城
11. 中国古代宫殿
12. 中国古代寺庙

五、古代科学技术系列（15本）
1. 中国古代科技
2. 中国古代农业
3. 中国古代水利
4. 中国古代医学
5. 中国古代版画
6. 中国古代养殖
7. 中国古代船舶
8. 中国古代兵器
9. 中国古代纺织与印染
10. 中国古代农具
11. 中国古代园艺
12. 中国古代天文历法
13. 中国古代印刷
14. 中国古代地理
15. 中国古代地方志

六、古代政治经济制度系列（16本）
1. 中国古代经济
2. 中国古代科举

3. 中国古代邮驿
4. 中国古代赋税
5. 中国古代关隘
6. 中国古代交通
7. 中国古代商号
8. 中国古代官制
9. 中国古代航海
10. 中国古代贸易
11. 中国古代军队
12. 中国古代法律
13. 中国古代战争
14. 中国古代衙门
15. 中国古代外交
16. 中国古代盐文化

七、古代文化系列（26本）

1. 中国古代婚姻
2. 中国古代武术
3. 中国古代城市
4. 中国古代教育
5. 中国古代家训
6. 中国古代书院
7. 中国古代典籍
8. 中国古代石窟
9. 中国古代战场
10. 中国古代礼仪
11. 中国古村落
12. 中国古代体育
13. 中国古代姓氏
14. 中国古代文房四宝
15. 中国古代饮食
16. 中国古代娱乐
17. 中国古代兵书
18. 中国古代哲学
19. 中国古代宗祠
20. 中国古代奇案
21. 中国古代旅游
22. 中国古代家风
23. 中国古代地名
24. 中国古代家谱与年谱
25. 中国古代名字与别号
26. 中国古代墓志铭

八、古代艺术系列（12本）

1. 中国古代艺术
2. 中国古代戏曲
3. 中国古代绘画
4. 中国古代音乐
5. 中国古代文学
6. 中国古代乐器
7. 中国古代刺绣
8. 中国古代碑刻
9. 中国古代舞蹈
10. 中国古代篆刻
11. 中国古代杂技
12. 中国古代民间工艺